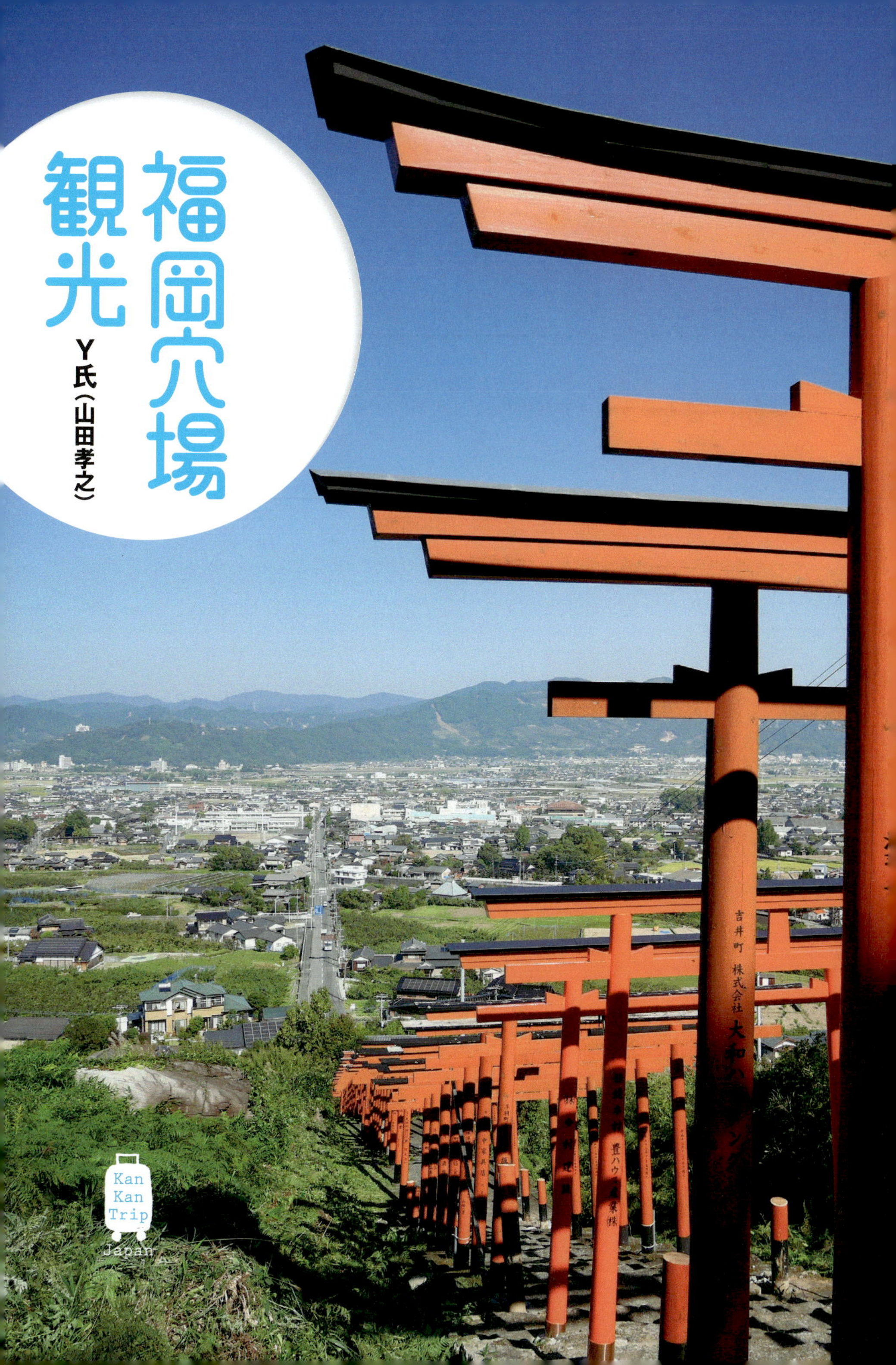

福岡穴場観光

Y氏（山田孝之）

Kan Kan Trip Japan

はじめに

漫画家のつげ義春の影響を受けて古い宿場町やノスタルジックな風景を求めて各地を巡るようになりました。するとその地域の歴史に興味を持つようになり、郷土資料館などにも足を運びました。さまざまな場所を巡るうちに、中には独特なテーマの資料館もあることに気づきました。また、目的地までの道中にはこれまで知らなかった不思議な店や変わった寺社仏閣などが見つかることも。それをブログにまとめて発表してみると、読者の方々から他にもこんな

のがありますよ、という情報が集まるようになりました。その情報を元に新たな場所を訪れ、その道中でまたいろんなスポットを発見し、ということを繰り返してできたのがこの本です。

休日のお出かけの参考にしたり、本を読んでその場所を疑似体験したり、いろいろと活用してもらえたら嬉しいです。

絶景・レトロ・珍スポット、まだまだある福岡の穴場を見に行きましょう!

目次

福岡県全体マップ

山口県
関門海峡ミュージアム(P32)
藍島(P152)
旧大連航路上屋(P34)
馬島(P154)
響灘風力発電施設(P66)
軍艦防波堤(P64)
若戸大橋(福岡のキャラ立ちしてる橋)(P38)
地島(P150)
小呂島(P142)
大正町商店街・えびす市場(P108)
鳥町食堂街(P102)
筑前大島(P148)
菊地ガンモ店(P90)
中央市場
(P106)
望玄坂(絶景階段)(P130)
折尾堀川沿い飲屋街(P78)
あんずの里(絶景階段)(P129)
スペースワールド(P80)
ペットボトル花畑(P10)
鬼塚子宝観音(P56)
ゼンリン
ミュージアム(P24)
屋根のない博物館(P12)
黒原階段(絶景階段)
(P129)
遠賀川橋梁
(福岡のキャラ立ちしてる橋)
(P38)
TOTOミュージアム
(P26)
レンタル・貸衣装
みやび(P88)
相島(P144)
宮地嶽神社 光の道
(P116)
旦過市場(P98)
平尾台(P118)
日本の名車歴史館(P20)
玄界島(P140)
志賀島(P146)
名島橋
(福岡のキャラ立ちしてる橋)
(P38)
南蔵院 釈迦涅槃像(P42)
山小岳(九州で最も低い)(P58)
祖聖大寺 愛染堂(P46)
篠栗九大の森(P112)
日本の独楽資料館(P18)
能古島(P136)
芥屋大門(P120)
貝塚公園(P72)
田川市石炭・歴史博物館(P22)
博多ポートタワー(P122)
桐ノ木谷子安観音(P40)
不思議博物館 分室
サナトリウム(P86)
姫島(P134)
旧志免鉱業所竪坑櫓(P60)
福岡市動物園遊戯施設(P76)
吉塚商店街(P94)
福岡県
鴻巣山展望台(絶景階段)(P131)
柳橋連合市場(P92)
三角市場(P104)
七郎権現(P50)
だざいふ遊園地(P62)
三浦鏝絵美術館(P8)
不思議博物館(P14)
筑紫野市総合公園(P68)
仙道古墳(P126)
如意輪寺(P48)
栗木野橋梁
(福岡のキャラ立ちしてる橋)
(P38)
佐賀県
久留米市鳥類センター(P70)
JR田主丸駅のカッパ型駅舎(P74)
浮羽稲荷神社(P124)
高良大社参道(絶景階段)(P128)
耳納グライダー山
(絶景階段)(P132)
大本山成田山 久留米分院(P52)
大分県
土橋市場(P96)
水田天満宮 恋木神社(P54)
三池カルタ・歴史資料館(P28)
長崎県
熊本県

ミュージアム・アート

左官職人による鏝絵専門の私設美術館

三浦鏝絵美術館

大野城市の水城駅近くにある住宅街を歩いていると突如壁を鶴や松の木で派手に装飾した家が現れる。この建物は左官職人の三浦辰彦《みうらたつひこ》さんによる私設美術館だ。鏝絵《こてえ》とは漆喰を材料に鏝で仕上げた立体的な絵のこと。鏝絵は日本家屋の壁に龍やエビスを描くことが一般的だが、三浦さんの作品では建築物の付属品としてではなく鏝絵が独立したアートとして展開されている。和風の作品はも

館長の三浦さんが在廊中には作品の解説も聞くことができる

①地下展示室には大型の作品が並ぶ②ルーブル美術館のポスターに掲載された作品「花は花は花は咲く」③タイ王室推奨貴賓芸術賞受賞作品「美しきタイ王国」④ボーカロイドの人形をイメージして作られた立体作品⑤建物は全体が鏝絵で装飾されている

三浦鏝絵美術館（みうらこてえびじゅつかん）
大野城市下大利4-7-1

ちろん、西洋風の作品、アニメキャラクターをオマージュした立体作品などバラエティー豊かだ。アパート横のスペースや地下駐車場を改造して作られた展示室には数百点にもおよぶ作品がところせましと並べられている。

一年中枯れない花が咲く

ペットボトル花畑

風車のように風が吹くと回転する仕組みになっている

遠賀郡水巻町にある色鮮やかな花畑。近づいてよく見てみると本物の花ではなくペットボトルで作られている。このペットボトルの花は近くに住む永沼さんが一人で作り続けているものだ。もともとはすべて本物の花が植えられていたそうだが、体調を悪くされたため世話をしなくても枯れないペットボトルの花を作りはじめ、今ではこれだけ膨大な数になったのだそう。現在では知る人ぞ知る観光スポットと化しており、遠方から訪れる人も多いという。

①本物のようにリアルな花もある②カラーテープなどでカラフルに装飾されている③ビニールのチューブを活用した作品も④神社の横に広がるサイケデリックな空間

ペットボトル花畑
（ぺっとぼとるはなばたけ）
遠賀郡水巻町伊左座 5-83
（荒祭神社横）

世界中の石像が中間市に大集合

屋根のない博物館

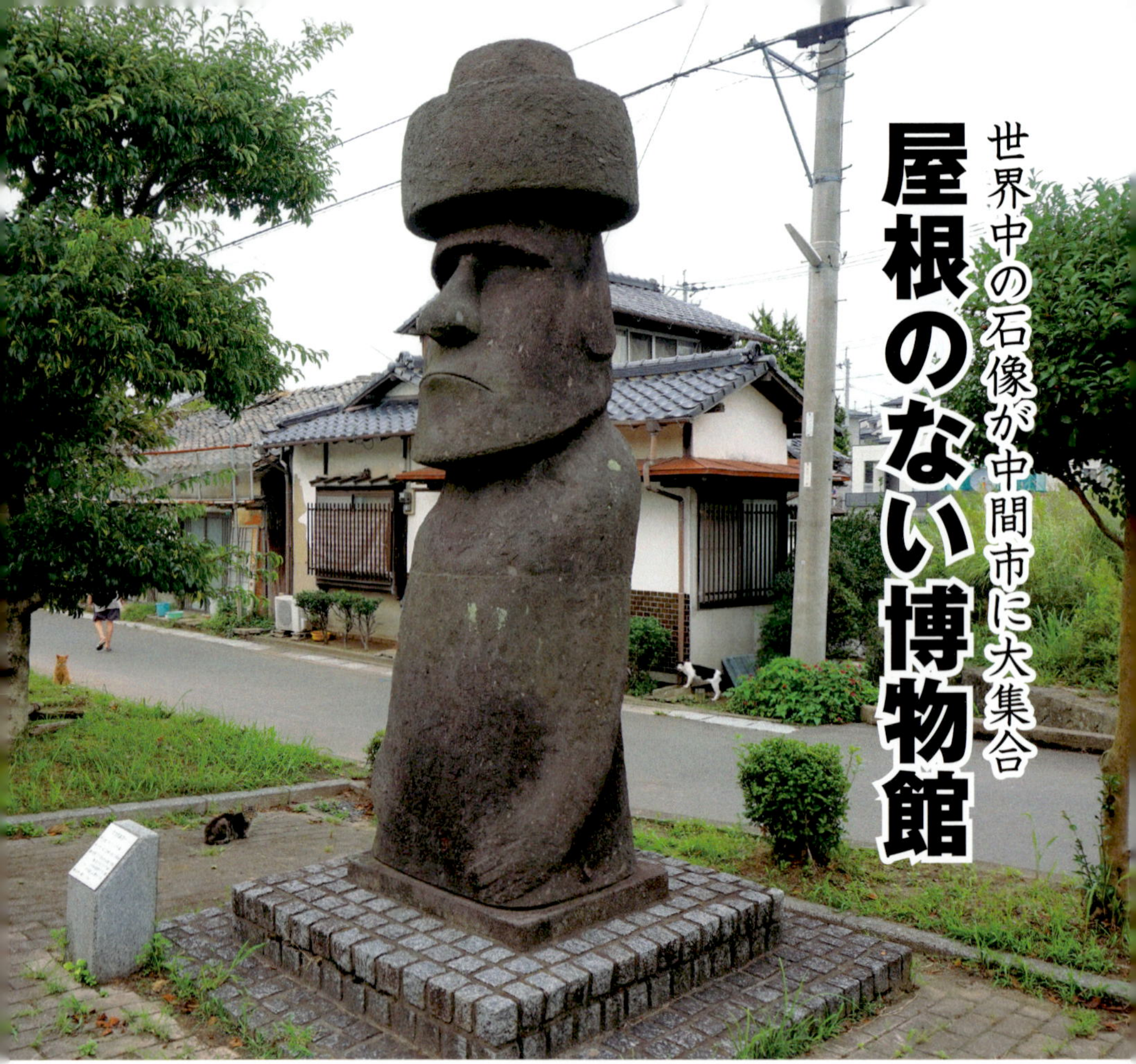

案内板には「石像を見るだけでなく自分の手でふれることが出来ます」と、手でふれて楽しむことも推奨されている

総延長400mのスペースに世界各国の石像が集う

ＪＲ中間駅近くにある「屋根のない博物館」は中間市が新たな観光名所を目指し、国鉄の廃線跡を活用して作ったものだ。もともとはイースター島からモアイの実物を運んできて展示するという構想だったそうだが、歴史遺産を運び出すのは難し

いと判断。その代わりとして精巧に作ったモアイのレプリカが展示されることとなった。結果的にモアイだけでなく、スフィンクス、巨石人頭像、ドルハルバンなど世界各地の石像のレプリカも展示され、まるで世界旅行を楽しんでいるかのようなスペースが誕生するに至った。

①ミケーネの獅子門（ギリシャ）②スフィンクス（エジプト）③扁平石人（日本）④巨石人頭像（メキシコ）⑤ドルハルバン（韓国）⑥ポリネシア女性像 (ポリネシア) ⑦モアイの群像 (チリ)

屋根のない博物館
（やねのないはくぶつかん）
中間市中央 2-5 付近（もやい通り）

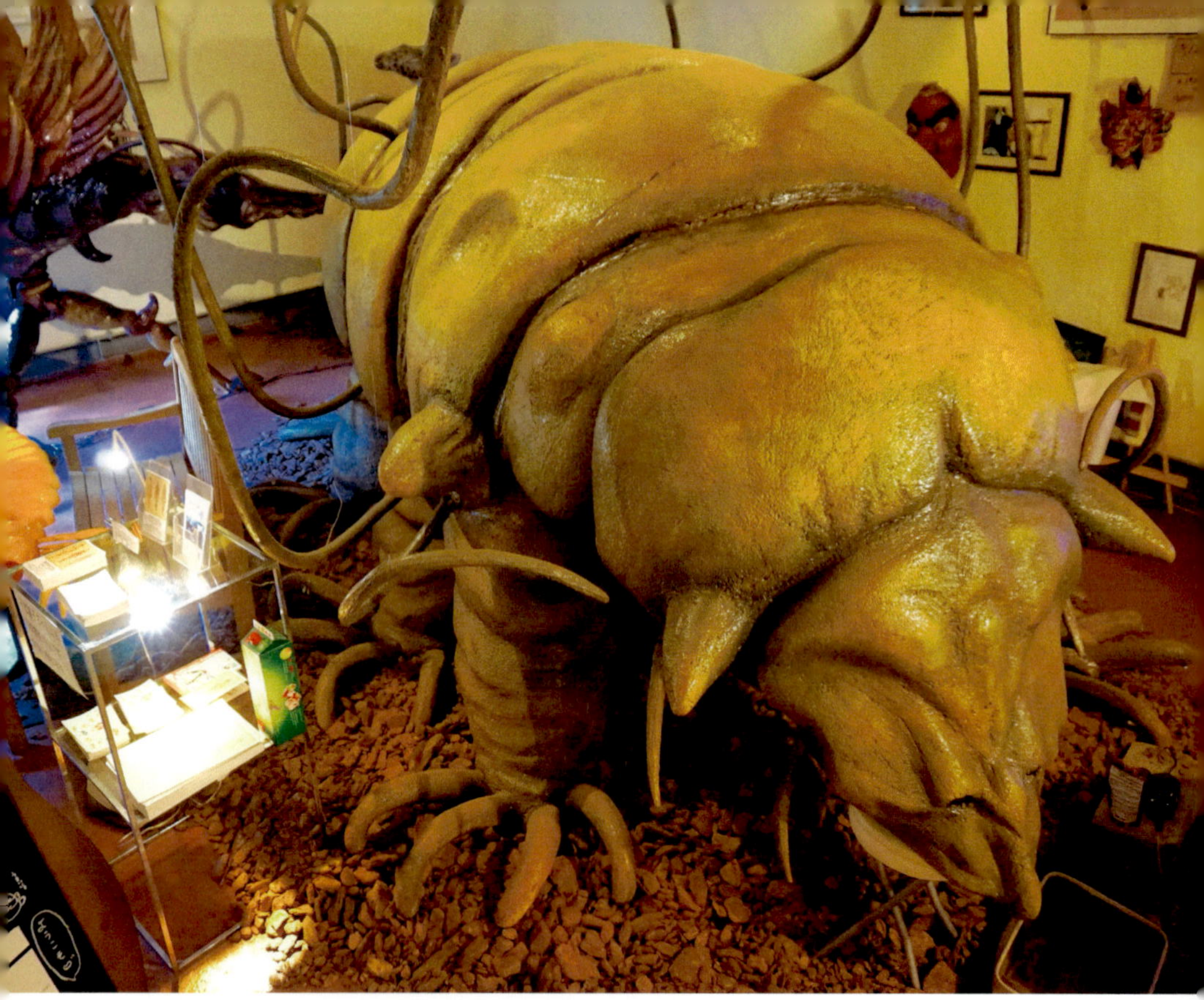

福岡で最も奇妙で楽しい空間

不思議博物館

1階はアトリエ、2階＆ロフトには独特な世界観をもつ不思議な空間が広がっている

那珂川町の山道に突如として現れる「不思議博物館」と書かれた怪しげな建物。倉庫のようにも見える外観だがここは造形作家である角孝政《すみたかまさ》さんによる私設ミュージアムだ。階段を上がり、重い鉄の扉を開くと中には角さんの作品を中心に、おもちゃや怪しい書籍など大量のコレクションが陳列されている。喫茶スペースもあるのでこれらを鑑賞しながら不思議な時間を体験することができる。

①山道から見える不思議博物館の怪しげな外観②人気メニューの「巨大くまむしケーキ」はバニラアイスをチョコでコーティングしたもの③不思議博物館でしか買えないオリジナルグッズは面白く不気味なものばかり④伝説のクソゲーと言われる「デスクリムゾン」の巨大コントローラーは角さんの代表作⑤館長の角さんとカフェスタッフ不思議子ちゃん

不思議博物館は平成10年にインターネット上の架空のミュージアムとして誕生したものだが、平成20年に角さんの自宅の一部を改造して実在のものとなった。毎月最終日曜（1月休館）のみの営業、かつ立地も決して良くない場所だが、その不思議な魅力にとりつかれて遠くから訪れるファンも多い。

不思議博物館のスタッフ「不思議子ちゃん」の制服も角さんによるデザイン。メイド服、廃墟、アリス・リデルの有名な乞食服をブレンドしたイメージで作られた

不思議博物館（ふしぎはくぶつかん）
筑紫郡那珂川町西畑1466-2

「こま雛十段飾り」は植物、食べ物、小物類まで全て独楽で作られている

約5000点を展示する独楽専門の資料館

日本の独楽資料館

日本各地のさまざまな独楽を展示

飯塚にある「日本の独楽資料館」には世界一の大きさを誇る「竜神瑞祥大独楽」や世界一小さい独楽、20分回り続ける独楽など約5000点のさまざまな独楽が展示されている。また、元禄時代の大名たちが独楽を通して技術力の高さを競い合ったという「大名独楽」など資料性の

高いものも見ることができる。約2500個の独楽を使用して作られた「こま雛十段飾り」は特に圧巻だ。

①かわいいデザインの独楽も②高さ 3m、周囲 11.2m、重さ 8t もある世界一大きな「竜神瑞祥大独楽」③世界一小さい独楽は直径 1mm で、見るための虫眼鏡が用意されている④回る時間の長さを競う大名独楽⑤海外の独楽を紹介するコーナー

日本の独楽資料館（にほんのこましりょうかん）
飯塚市立岩1122-1

昭和レトロな旧車が大集合

日本の名車歴史館

海の中道海浜公園内にある「日本の名車歴史館」には昭和20年～40年代の国産車を中心にレトロな旧車が数多く並ぶ。大ヒットした大衆車や、あこがれの高級車までさまざまな種類の名車が展示され、日本の車の歴史を目の前で見ることができる。

日本の名車歴史館は１階がゴーカートになっている

①広い館内にたくさんの旧車が並ぶ②昭和の暮らしを再現したコーナーもある③レトロなバイクも展示されている

日本の名車歴史館（にほんのめいしゃれきしかん）
福岡市東区大字西戸崎 国営海の中道海浜公園内

石炭をメインテーマとしたミュージアム

田川市石炭・歴史博物館

田川市石炭・歴史博物館は全国的にも珍しい石炭をメインテーマとしたミュージアム。かつて、国内でも有数の石炭の採掘地として栄え、たくさんの炭坑マンたちが暮らした田川市。そんな人々の生活や仕事の様子を描いた山本作兵衛翁の炭坑記録画や、実際に炭坑で使用されていた道具、歴史を解説したパネルなどが展示されている。炭坑関連の施設があった現在の博物館周辺は公園として整備されているが、今でも炭坑時

炭坑施設をジオラマで再現

①石炭の採掘のために使用された道具の実物が数多く並ぶ②マネキン人形を使った坑内での採掘の様子③博物館の外には大型の機械類が展示されている ④当時炭坑マンが暮らした長屋を再現。奥に見える伊田竪坑櫓は炭坑マンを地下の作業場所まで運んだエレベーターのような設備⑤煙突の高さは約45メートルという巨大さ

代のなごりである伊田竪坑櫓やレンガ造りの煙突が残り、石炭全盛期を偲ばせるランドマークとなっている。

田川市石炭・歴史博物館（たがわしせきたん・れきしはくぶつかん）
田川市大字伊田2734-1

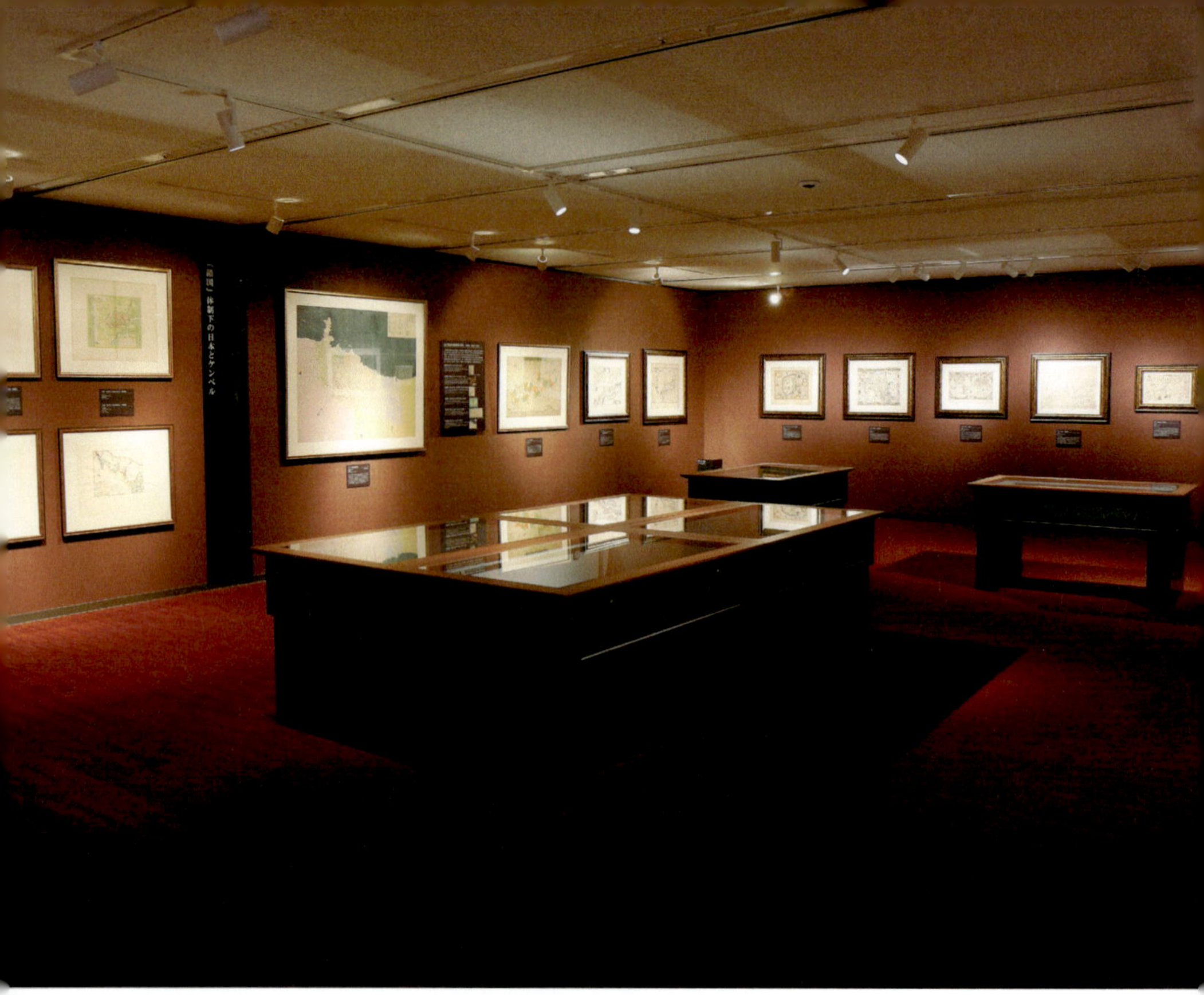

歴史を映し出す地図の博物館

ゼンリンミュージアム

地図会社であるゼンリンが運営する地図専門の博物館。海外で作られた日本の古地図や、伊能忠敬が編纂した「大日本沿海輿地全図」の原寸複製など、日本地図の変遷を辿る展示で、地図・歴史好きにはたまらない内容になっている。また、博物館からの眺めも非常によく、喫茶コーナーは北九州市街や工場地帯が一望できる穴場スポットだ。

①～④様々な種類の貴重な地図が大量に展示されている⑤大迫力の「大日本沿海輿地全図」の原寸複製⑥喫茶コーナー⑦イベント開催時には夜景スポットとして開放されることもある

ゼンリンミュージアム（ぜんりんみゅーじあむ）

北九州市小倉北区室町1-1-1 リバーウォーク北九州14階

未来的な外観の建物

水まわりの歴史や進化を知ることができる

TOTOミュージアム

TOTOミュージアムではTOTOが製造・取り扱いを行なっていた製品を中心に、日本の水まわり文化の歴史や進化を知ることができる。水洗便器などの水まわり製品を中心に約1000点を展示。国会議事堂や旧総理大臣官邸で使われた衛生陶器、ホテルニューオータニに設置されていたJIS規格による日本初のユニットバスルームの実物など、貴重な製品が数多く展示されている。

①以前は食器の製造も行なっていたため皿やカップなども展示されている②過去には様々な色の製品が展開されていたという③営業マンが持ち歩いた陶器製のミニチュア④歴代の水洗便器⑤ウォシュレット（※）の進化を学べるコーナー⑥プロモーションの一環として製作された便座がドッキングしたバイクは実際に小倉から東京まで走行した⑦両国国技館にも採用された力士用便器を座って体験できる⑧ミュージアムショップでは TOTO オリジナルグッズなどが購入可能⑨国会議事堂で使われた衛生陶器

※「ウォシュレット」は TOTO の登録商標

TOTOミュージアム（とーとーみゅーじあむ）

北九州市小倉北区中島 2-1-1

様々なカルタが展示される資料館

三池カルタ・歴史資料館

大牟田市にある三池カルタ・歴史資料館は全国的にも珍しいカルタを主なテーマとした資料館。筑後国・三池（現在の大牟田市域）は古くからカルタの生産地として有名で、日本最古の国産カルタと言われる「天正カルタ」には三池に住む人物が作ったことが記されているという。館内にはカルタの歴史から、珍しいカルタの紹介までカルタづくし。定

カルタはポルトガルから伝わったといわれポルトガル船でゲームに興じる人のマネキンが展示されている

①取材時には「乗り物」をテーマにした企画展が開催されていた②世界各国のカルタが展示されている③アニメのカルタなども展示④カルタ体験コーナー⑤美しい絵柄のカルタは眺めているだけで楽しい⑥物販コーナーでは色々な種類のカルタが購入可能⑦カルタの展示に併設して三池の歴史資料も展示されている

期的に開催されている企画展では三池カルタ・歴史資料館が所蔵している数万セットのカルタからテーマに沿った図案のカルタが展示される。

三池カルタ・歴史資料館（みいけかるた・れきししりょうかん）
大牟田市宝坂町2-2-3

漫画についての知識が深まる博物館

北九州市漫画ミュージアム

小倉駅から北九州市漫画ミュージアムに向かう道には銀河鉄道 999 のメーテルや鉄郎などの像がある

北九州が著名な漫画家を数多く輩出している地域であることから設立に至った漫画専門の博物館「北九州市漫画ミュージアム」。名誉館長である松本零士をはじめ、畑中純、わたせせいぞう、北条司など北九州にゆかりのある漫画家は不思議なほどに多く、現在進行形で新しい漫画家たちが育っているという。北九州市漫画ミュージアムでは松本零士などゆかりの漫画家の作品を中心に、漫画に関するさまざまな展示が行われている。

①松本零士の展示コーナーでは貴重な資料や映像が見られる②ジャジャ馬くんなどで知られる門司出身の漫画家関谷ひさしのアトリエを再現③漫画の作り方を解説したパネル④漫画タイムトンネルでは年表とその時代の漫画を照らし合わせながら閲覧ができる⑤約７万冊の蔵書を持つ閲覧ゾーンでは寝転がって漫画を読むことができる

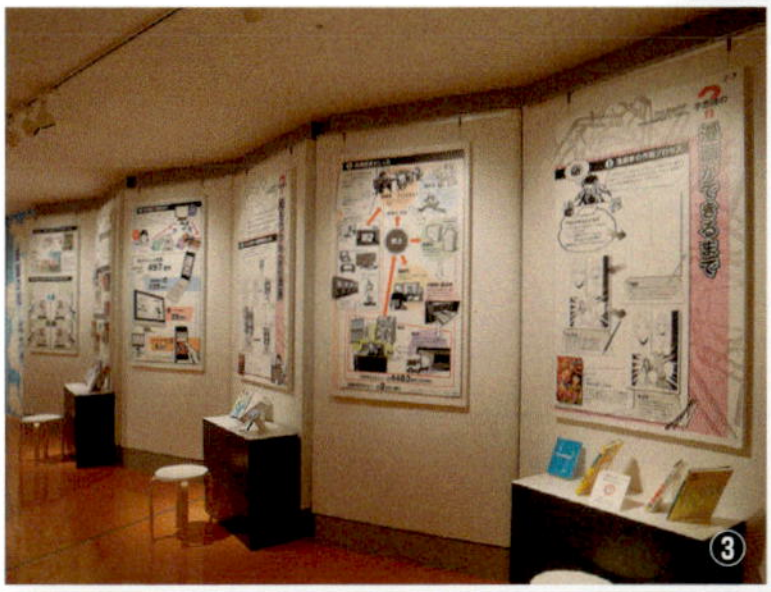

北九州市漫画ミュージアム（きたきゅうしゅうしまんがみゅーじあむ）
北九州市小倉北区浅野 2-14-5 あるあるCity5・6F

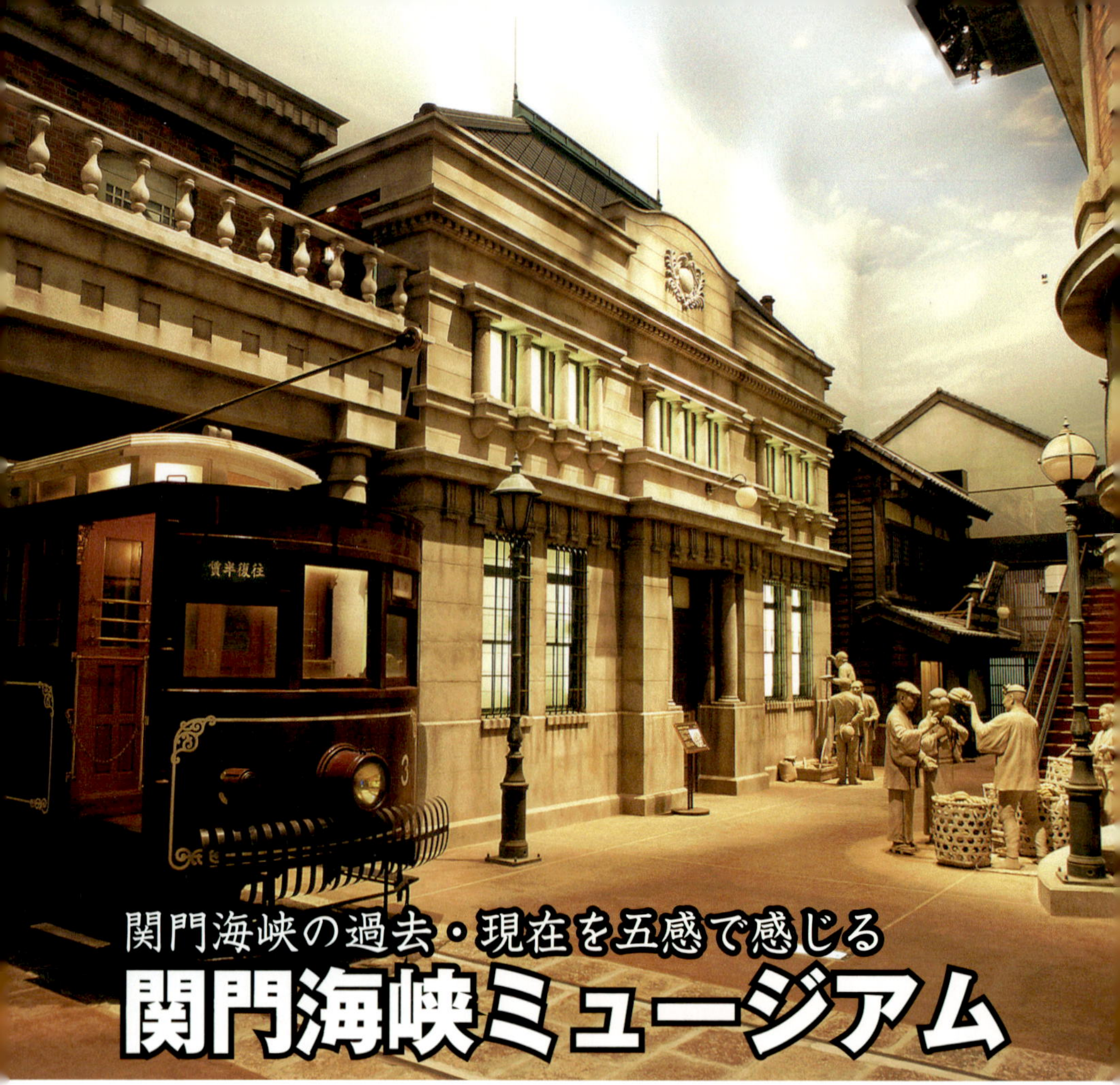

関門海峡の過去・現在を五感で感じる

関門海峡ミュージアム

「海峡レトロ通り」はレトロな写真が撮れる絶好の撮影スポット

門司港といえば門司港駅東側周辺のレトロな建築物というイメージがあるが、西側にある関門海峡ミュージアムも見逃せない。巨大なスクリーンに巌流島の戦いなどをグラフィカルな映像で投影して楽しませてくれる「海峡アトリウム」、関門海峡の歴史的な場面を様々なアーティストが制作した人形を使って再現した「海峡歴史回廊」、大正・昭

国際貿易港として栄えたモダンな港町・門司港にタイムスリップ

①海峡の歴史ドラマを精巧な人形で再現②２階から４階を貫く国内最大級、18m × 9mの巨大なセイル（帆）スクリーン「海峡の一日」（©乃村工藝社／テレビ朝日クリエイト／イマージュ）③ラウンジ内にはカフェもあり、海峡を行き交う船が間近に楽しめる④⑤ゲーム感覚で関門海峡に関する様々なことを学べるので親子連れにもおすすめ⑥大型客船をイメージした建物

和の豪華客船デッキをイメージしたラウンジスペース「プロムナードデッキ」など、フロアごとにさまざまな切り口から関門海峡が紹介されている。「海峡レトロ通り」では大正時代の門司港の街並みが再現されており、タイムスリップしたかのような空間が楽しめる。

関門海峡ミュージアム
（かんもんかいきょうみゅーじあむ）
北九州市門司区西海岸1-3-3

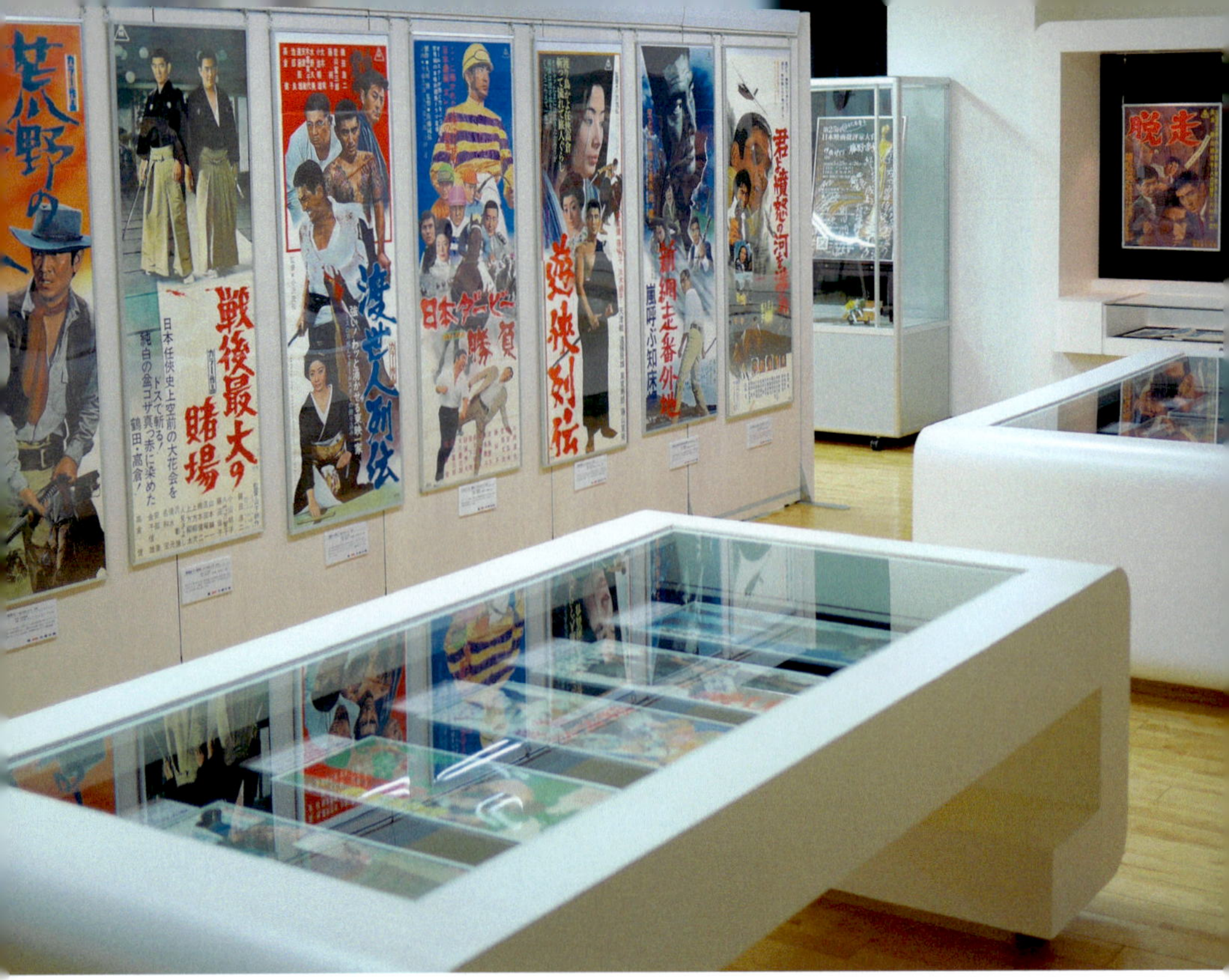

船や映画の資料を楽しめるレトロ建築

旧大連航路上屋

かつて多くの船客でにぎわった旧大連航路上屋

昭和初期、門司港と中国の大連は定期航路で結ばれていた。昭和4年に建てられた旧大連航路上屋はその定期船の旅客ターミナルとして使われた施設だ。現在は多目的スペースとして活用されており、館内には門司港や船舶関連の物品を展示するスペースや映画関連の資料を展示する松永文庫などがあり、すべて無料で利用できる。

③

①

②

④

⑤

⑦

⑥

旧大連航路上屋（きゅうだいれんこうろうわや）

北九州市門司区西海岸1-3-5

①ターミナルだった頃のなごりがいたるところに残る②ポスターやチラシなどの貴重な品々が並ぶ③松永文庫は室長の松永武さんがコレクションした映画関連資料が大量に展示されている④実際に使用された古い映写機⑤高倉健特集など定期的にさまざまな企画展が開催されている⑥実際に使用されたアニメーション撮影台⑦エントランスには船舶や門司港に関する資料や模型が展示されている

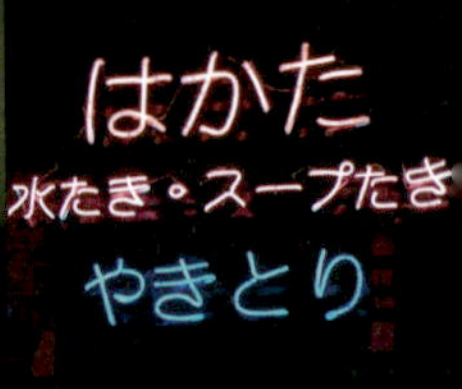

NEON GALLERY
街中ネオンギャラリー

あんみつ姫
2F
KARAOKE
MEIJI
HAKATA
焼肉
カラオケ
サウンドパーク
KURODAYA
本格焼酎
さつま
白波
ロック
ハリウッド
エタニティー
中華料理
餃子李
餃子李
太陽会館
内山ビル
カラオケ
HOTEL

福岡のキャラ立ちしてる橋

名島橋

国道3号線の多々良川にかかる名島橋。昭和8年にもともと木製の橋だったものが作り替えられ幅24mのコンクリート製の橋になった。飛行場が攻撃された時に滑走路代わりとして使えるようにこれだけ大きな橋になったとも言われている。毎年クリスマスシーズンには橋柱がサンタクロースに装飾される。

遠賀川橋梁

筑豊本線の筑前垣生駅～中間駅の間にある古いレンガ積みの橋。明治24年に造られたもので、以前は筑豊地方の石炭を若松港に運搬するための路線として使われていた。レンガ積みの橋の横に付ける形で新しい橋が作られ、新旧一体の不思議な形状になっている。

若戸大橋

洞海湾に架かり、戸畑と若松を結ぶ高さ約84m、全長約2kmの吊り橋。若戸大橋を中心とした景色は東洋のナポリともいわれ、昭和30年代頃は観光地としても人気だったという。以前は歩道があったため歩行者でも通行可能だったが、現在は歩道は廃止され、戸畑と若松間を行き来する渡船が主な交通手段として使われている。

栗木野橋梁

日田彦山線の筑前岩屋駅～大行司駅間にある3つのアーチ橋のうちの一つ栗木野橋梁。通称金剛野橋ともいわれている。昭和18年に完成したものでレトロな形状が見応え抜群。周辺の草花が季節によって変化し、さまざまな表情を見せるため、写真家の間でも人気の撮影スポットになっている。

寺社仏閣

大量に積まれた人形は参拝者の多さを思わせる

人形が大量に奉納されている観音堂

桐ノ木谷子安観音

崖の側面にある子安観音の堂

篠栗町の山中にある子安観音。長い階段を上ると切り立った崖の側面に小さな堂が見えてくる。一見すると取り立てて特徴的というわけでもない堂のように思えるが、身を乗り出して幕の奥を覗いてみると、赤ちゃんの人形が天井に届きそうな勢いで大量に積み上げられている。この子安観音は古くから子宝祈願で知られ、参拝時に一つ人形を借りて持

①祭壇は幕で覆われていて一見すると普通の観音堂②壁にも人形が奉納されている③安産祈願のグッズも販売されている④周囲にはたくさんの地蔵が祀られている⑤さまざまなタイプの人形たち

ち帰り、無事子宝の成就を遂げると持ち帰った人形と新たにもう一体、つまり二体を奉納するというお礼参りの作法があるという。そのため人形はどんどん数を増やし、驚きの光景を作り出している。

桐ノ木谷子安観音（きりのきだにこやすかんのん）
糟屋郡篠栗町篠栗782

宝くじ高額当選の祈願者が集まる

南蔵院 釈迦涅槃像

南蔵院の入り口

篠栗町にある南蔵院にはブロンズ製として世界一の大きさをほこる釈迦涅槃像が鎮座していることで知られている。南蔵院は宝くじの当選祈願としても有名だ。というのも南蔵院は住職が宝くじで高額当選を連発させていることで有名なのだ。ある時、銀行の担当者のすすめで宝くじを購入したら1億3000万円が当選。その当選金の一部で購入したナンバーズでも560万円が当選した

のだそう。宝くじ高額当選の噂はまたたく間に広がり、ご利益にあやかろうと多くの人が祈願に訪れるスポットになっている。

①高さ11mの巨大な不動明王像②平家の落人が身を潜めていたという滝③足の裏の文様は釈迦の教えを表す④像の裏側から体内参拝ができる⑤体内参拝ではスクラッチくじ付きの仏足御守が購入可能⑥向かい側の山から見た涅槃像はあまりの大きさに特撮のジオラマのように見えてくる

涅槃像の大きさは横幅４1m、高さ１1mという巨大さ。鎌倉の大仏の４倍ほどの背丈で内部にはミャンマー仏教会より贈られた仏舎利（釈迦の遺骨）が安置されている

南蔵院 釈迦涅槃像（なんぞういん しゃかねはんぞう）
糟屋郡篠栗町篠栗1035（団体での訪問の場合は要問合せ）

恋愛成就にご利益があるラブリーお堂

祖聖大寺 愛染堂

篠栗四国八十八ヶ所霊場八十五番札所の祖聖大寺には恋愛成就のご利益で知られる「愛染堂」という堂がある。愛染明王を祀る堂であるが、そのラブリーな外観に親しみが持てるのか、多くの女性参拝者が訪れるスポットとなっている。至る所をハート、そしてピンク色でデコレーションされた女子力高めな堂は、他ではなかなか見られない特徴的な仕上がりだ。

祖聖大寺本堂から少し登った場所にある愛染堂

①花柄でデコレーションされたハート型の額束②賽銭箱や木魚もハート③祖聖大寺まで道にはカラフルな案内看板が設置されている④愛染明王の顔ハメパネルと良縁みろく石⑤ハート岩覗き窓⑥覗き窓から下を見るとハート型の岩が見える⑦お堂の窓には愛の文字⑧男女ペアのお地蔵さん

祖聖大寺 愛染堂
（そしょうだいじ あいぞめどう）
糟屋郡篠栗町大字篠栗80-1

5000体のかえるが並ぶ

如意輪寺

小郡市にある「かえる寺」こと如意輪寺にはその名の通り境内のいたるところにかえるが置かれている。その数なんと五千体。住職が中国からヒスイで作られたかえるを持ち帰ったことがきっかけでかえるのコレクションが始まり今では観光客も訪れる人気ぶりだ。

「かえる部屋」には数千体のかえるグッズが並んでいる

境内はさまざまなタイプのかえるであふれている

如意輪寺（にょいりんじ）
小郡市横隈1729

おもちゃの刀は今にも崩れ落ちそうなほど積み上げられている

おもちゃの刀を奉納する神社

七郎権現

七郎権現の入り口は注意深く探さないと見逃してしまいそうだ

糸島の七郎権現にはおもちゃの刀を奉納するという珍しい風習がある。その昔、合戦から逃れてきた七郎はこの場所に身を隠していたが、咳をしたことで追手から見つかってしまい自害した。地元の人がそのことを哀れみ、七郎を弔う祠を作ったのが七郎権現の始まりであるが、いつの日からか咳やぜんそくの治癒にご利益があると言われるようにな

り、参拝者が訪れだした。古くは参拝の際に木刀が奉納されていたが、時代を経るごとに木刀が容易に入手できなくなったことからおもちゃの刀を奉納するようになったという。

①古いものでは昭和 50 年代の年号も見られる②忍者、将軍などバリエーション豊かなおもちゃの刀③刀が奉納されている祠の横には滝もある④七郎権現は福岡県と佐賀県との境界にある

七郎権現（しちろうごんげん）
糸島市二丈鹿家2553

高さ62メートルの救世慈母大観音

巨大な観音像が圧巻

大本山成田山　久留米分院

久留米成田山は昭和33年に千葉県の成田山新勝寺の分院として開山。昭和45年から63年にかけて宝石造りの開運門、救世慈母大観音《くぜじぼだいかんのん》、平和大仏塔極楽殿が作られ、交通安全や開運厄除、商売繁盛などのご利益で知られるスポットになっている。救世慈母大観音の高さは62メートルで20階建てのビルに相当する巨大さ。肩付近まで階段で上ることができ、天気の良い日にははるか遠くの雲仙まで望めるという。また、境内には地獄と極楽の様子を再現した地獄極楽

額の白毫には宝石が埋め込まれているという

館や日本の歴史を宝石で装飾された人形で学べる天然宝石造り歴史館などもあり見どころ満載だ。

※地獄極楽館、天然宝石造り歴史館は撮影禁止

①開運門は龍の装飾が施された独特なデザイン②遠くからでも存在を確認できる救世慈母大観音③救世慈母大観音と平和大仏塔極楽殿④ユニークな表情の羅漢像⑤大観音の中は螺旋階段になっていて胎内参拝ができる

大本山成田山 久留米分院（だいほんざんなりたさん くるめぶんいん）
久留米市上津町1386-22

目にも楽しいピンク色の拝殿

ハートでデコレーションされた神社

水田天満宮 恋木神社

鳥居の額束もハート型

水田天満宮の末社として古くから鎮座する恋木神社は良縁成就の神社として知られている。恋愛の神様である恋命《こいのみこと》を祀る日本唯一の神社で、そのご利益にちなんで境内のいたるところにハート型の装飾が見られる。拝殿のカラーリングも鮮やかなピンク色という非常に珍しいもの。その愛らしい見た目がSNSなどで話題となり、女性を中心に参拝者が増えているという。

①いたるところに埋め込まれたハート型の陶器は伝統的な水田焼による本格的なもの②撫でるとご利益があるとされる夫婦雛③拝殿の横には伊勢夫婦岩のミニチュアが鎮座④おみくじを結ぶスペースにもハート型があしらわれている⑤たくさんのハートでデコレーションされた恋参道

水田天満宮 恋木神社（みずたてんまんぐう こいのきじんじゃ）
筑後市水田62-1

子宝のご利益で知られる観音堂

鬼塚子宝観音

福津市北部の田園地帯は新原・奴山古墳群がある非常に歴史の古い土地だ。そんな場所に一風変わった観音堂が鎮座している。このお堂は鬼塚子宝観音といわれるもので、地元では参拝すると子宝に恵まれる場所として有名だそうだ。お堂内には手作りの色っぽい女性の木像や子宝にご利益のありそうなオブジェが大量に奉納されている。なぜか古代人の顔ハメパネルなどもあり不思議は空間となっている。

①邪馬台国風の男性と和服の女性の顔ハメパネル②様々なポーズの女性の木像が奉納されている③なぜかセクシーな海女と思しき木像も

鬼塚子宝観音（おにづかこだからかんのん）
福津市勝浦 2919

1分で頂上まで登山！

九州で最も低い山「小岳」

住所：福岡市東区大岳 4-4-1

福岡県で最も高い山は大分県との県境にある釈迦岳《しゃかだけ》で標高は1230m。逆に福岡県で最も低い山は福岡市にある小岳という山。標高はたったの21m。志賀中学校の裏手にある山、というよりほとんど雑木林に近い場所が小岳だ。麓《ふもと》から山頂までは1分かからずに登頂できる山なので挑戦してみると話のタネになるかも！？ちなみに小岳の標高21mという低さは九州一の低さでもある。

まずは麓にある小嶽神社に参拝

尾根をほんの少し進むと標高が記された札が！ここが小岳の山頂、約1分でみごと登頂だ！

登山口は特になく、どこからでも登れる

一瞬で山の尾根に到着

山頂からの眺め

建築・遊園地・公園

街なかにそびえ立つ巨大な構造物

旧志免鉱業所竪坑櫓

老朽化で壁面が崩れはじめているため近づくことはできない

志免町は昭和30年代まで炭鉱の町として栄えた場所だ。昭和39年の閉山後、炭鉱関連施設の多くが取り壊しとなったが、この巨大な竪坑櫓はそのままに残され当時の雰囲気を現在に伝える遺構となっている。竪坑櫓は地下の坑道から石炭や労働者を昇り降りさせるための施設で、高さは約48メートル。これは15階建てのビルに匹敵する高さだ。少し不気味にすら思える巨大な構造物である

①竪坑櫓の近くに残る坑道入口跡②すぐそばには捨て石を積み上げたボタ山が残る③ボタ山には今でも石炭のかけらが落ちている

が、周囲は公園として整備され、子供たちが元気に走り回っている。そのコントラストがなんとも不思議な場所だ。

旧志免鉱業所竪坑櫓
（きゅうしめこうぎょうしょたてこうやぐら）
糟屋郡志免町大字志免 495-3

入場門は城を模したかわいいデザイン

ポップでかわいい遊園地

だざいふ遊園地

太宰府天満宮に隣接するだざいふ遊園地。平成29年で開園60周年を迎え、現在もレトロな雰囲気が残る。園内ではジェットコースターや水上コースターなどの絶叫系マシンから、汽車などのほのぼの系まで約20種類のアトラクションが楽しめる。遊具の色合いもポップでかわいいものが多い。ユニークで楽しげな見た目とは裏腹に意外と怖い「びっくりハウス」は特に必見。

①小さい子供も楽しめるてんとうむし②ゲームコーナーにはレトロな筐体③舟で空の散歩が楽しめるスカイシップ④４匹のゾウがかわいいエレファントファミリー⑤ゆっくりと流れるインディアンカヌー⑥汽車の形のジェットコースター、トレインコースター⑦小さいながらもスプラッシュを楽しめる水上コースター⑧カンガルーが跳ねるように上下するハッピーカンガルー

だざいふ遊園地（だざいふゆうえんち）

太宰府市宰府4-7-8

旧日本海軍駆逐艦の痕跡

軍艦防波堤

防波堤では釣りを楽しむ人が多い

北九州市若松区の響町には一風変わった防波堤がある。約80メートルの巨大な船の周囲をコンクリートで固めて造られた防波堤だ。釣りスポットとしても知られ、「軍艦防波堤」と呼ばれている。文字通り軍艦を利用して造られた防波堤で、太平洋戦争後に使われなくなった軍艦「涼月」「冬月」「柳」の三隻が沈められている。もともと軍艦の形がそのまま残っていたが、鉄の老朽化によって崩壊する恐れがあったため全体がコンクリートで固められ、涼月、冬月は完全にコンクリートの下に、

柳もその一部が見えるだけの現在のような姿になった。実戦でも使用された軍艦でもあり、高塔山の中腹にはこの三隻の戦没者慰霊碑が建てられている。

①錆びた鉄がむき出しになっている②正面から見ると船であることがはっきりとわかる③今にも崩れ落ちそうな船首部分④高塔山にある軍艦の戦没者慰霊碑⑤慰霊碑の前には軍艦の双繋柱が保存されている

軍艦防波堤（ぐんかんぼうはてい）
北九州市若松区響町1-12-3 付近

高さ１００メートルの風車が立ち並ぶ

響灘風力発電施設

北九州市若松区の響灘に面する場所に作られている響灘風力発電所。高さ１００メートル、羽の長さ70メートルの巨大な風車が10機そびえ立つ。風車は真下まで近づくことができるが、巨大な羽が迫ってくるのは迫力満点だ。この響灘風力発電所では約1万世帯が一年間で使用する電力に相当する年間３５００万キロワットアワーを発電できるそうだ。遠くから眺めるとのどかな風景に思

ハブ（羽の中心にある丸い部分）だけで重さ15ｔもあるそう

えるが、近くまで行ってみると電力が作られているということが実感できる施設だ。

真下から見上げる光景は圧巻

海岸沿いに並ぶ高さ100ｍの風車

響灘風力発電施設（ひびきなだふうりょくはつでんしせつ）
北九州市若松区響町2丁目

大人の本気！レベルが高すぎる公園遊具

筑紫野市総合公園

天拝の船を後ろから見た様子

天拝山のふもとにある天拝湖。この湖のほとりの筑紫野市総合公園には大人も驚くほど本格的なクオリティーの海賊船型遊具「天拝の船」が設置されている。全長約50メートルで本物の船にさえ思える完成度。船からの眺めもよく、今にも空に向かって出航しそうな景色には軽い感動すら覚えるほどだ。また、海賊船型遊具横の斜面を一気に降りることができるローラースライダーも必見だ。

①船体横には本格的な機関銃型水鉄砲が装備されている②船尾の急角度なすべり台と巨大な碇③船体内部はアスレチックになっている④船の横には斜面下まで続くローラースライダーがある

筑紫野市総合公園（ちくしのしそうごうこうえん）

筑紫野市大字山口382-6 外

全国的にも珍しい鳥専門の動物園

久留米市鳥類センター

久留米市鳥類センターは全国的にも珍しい鳥専門の動物園。鳥好きの聖地とも言われている場所で、カワイイ見た目の小鳥たちから巨大で迫力ある大きな鳥まで、世界中のさまざまな鳥たちを観賞できる。アーチ状に作られたケージでは頭上を鳥たちが行き来し、普段絶対に見ることができない角度から観察することも

園内では世界各国の約 80 種の鳥を観ることができる

①見た目が愛らしいペンギン②ツル類の中で最も大型のオオヅル③たまにじっと人を観察しているシロフクロウ④走鳥類の中で最も走るのが速いダチョウ⑤水禽舎（ドーム）内では約 10 種の鳥類を飼育⑥世界一凶暴な鳥と言われるヒクイドリ⑦とても仲良しな 2 羽のベニコンゴウインコ⑧大人しく他の鳥とも仲良しのルリコンゴウインコ

できる。また、隣に併設された昭和レトロな雰囲気漂う遊園地も必見だ。

遊園地には昔ながらの遊具がたくさん

久留米市鳥類センター
（くるめしちょうるいせんたー）
久留米市東櫛原町中央公園内

交通ルールを楽しく学べる公園

貝塚公園

機関車 SL9600

昭和40年代、元競輪場を改修して作られた貝塚公園。公園内は敷地を取り囲むようにアスファルト道路が整備されているが、この道は子供がゴーカートに乗って交通ルールを学ぶことができるアトラクションになっている。公園内には「交通」に関するさまざまな展示があり、実際に東亜航空などで使用されたDH-114ヘロンや石炭の輸送用に使われていた貨物用の機関車SL9600、博多〜東京間と

①寝台特急ブルートレイン②ブルートレインの内部は定期的に見学会が行われている③ DH-114ヘロン④子供が交通ルールを楽しく学ぶことができる⑤子供用のゴーカートは園内を一周できる⑥園内には実際の信号や標識を用いたコースが整備されている⑦巨大な石山の遊具⑧案内してもらった福岡市東区役所維持管理課の佐々木さんと古賀さん

門司港~西鹿児島間を走った寝台特急ブルートレインナハネフ221007などが展示されている。どこか懐かしい昭和レトロな雰囲気が漂う公園だ。

【佐々木さんと古賀さんからのメッセージ】
貝塚公園はゴーカートに乗りながら交通ルールが学べる福岡で唯一の公園です。園内には列車なども展示しています。大きな石山も福岡最大級ですよ。公園は私が子どもの頃とほとんど変わっていません！大人のみなさまには懐かしいと感じてもらえる昭和が詰まった公園です。貝塚駅徒歩１分と交通アクセスもバツグンなのでぜひ貝塚公園へ遊びにお越しください！

貝塚公園（かいづかこうえん）
福岡市東区箱崎7-8-35

駅とは思えないほどのインパクト！

JR田主丸駅のカッパ型駅舎

カッパ伝説が残る久留米市の田主丸。そんな伝説にちなみ、JR久大本線「田主丸駅」の駅舎は全体がカッパの顔になっている。これはバブル期のふるさと創生資金で作られたもので、デザインは公募で選ばれた高校生によるもの。駅周辺から商店街にかけてもさまざまなカッパのモニュメントが設置され、楽しませてくれる。ちなみに田主丸のカッパは平清盛の生まれ変わりという説もあるという。

くちばしは雨除け、目の部分は窓になっている

①１階部分は特産品展示場と事務所がある②駅のホームにもカッパ③カッパの顔部分は２階建てで、２階にはカッパ資料室がある④駅前には田主丸の特産品であるフルーツを手にしたカッパがいる⑤駅近くに商店街にもたくさんのカッパが

JR田主丸駅のカッパ型駅舎（じぇいあーるたぬしまるえきのかっぱがたえきしゃ）

久留米市田主丸町田主丸1015-2

昭和レトロな雰囲気が漂う

福岡市動物園遊戯施設

福岡市動物園にはレトロな遊戯施設が残っている。カラフルでポップな色使いの観覧車や、最近ではあまり見なくなった昔懐かしい小型遊具などが豊富。旧天神岩田屋（現・福岡パルコ本館）の屋上にあった観覧車の一部が使われているという観覧車や、車・動物に乗って上下しなが

ら回転する回転型ライドなどがあり、昭和な雰囲気が漂っている。宮殿のような動物科学館のかわいい建物も必見だ。

①不思議なサウンドを出すロボット型遊具②子供用の乗り物系遊具が充実③80年代の雰囲気満載のロボット④ファミコンのシューティングゲームを思わせるカラーリング⑤宮殿のような動物科学館

福岡市動物園遊戯施設（ふくおかしどうぶつえんゆうぎしせつ）
福岡市中央区南公園1-1

川と共存してきた庶民派な飲屋街

折尾堀川沿い飲屋街

川沿いに数百メートルにわたって延びる飲み屋街

折尾駅の南側に流れる堀川沿いには昭和の雰囲気をそのままに残す飲屋街が広がっている。堀川は約400年前に福岡藩が遠賀川の洪水対策として水を分流させるために造った人工の川。堀川は年貢米や石炭の運搬に使われるなどこの地域には欠かせない重要なインフラであったという。もちろん現在は運河として使われてはいないものの、川沿いに発展した飲屋街からはかつての繁栄ぶりが伺える。小規模なスナック

①飲み屋が中心だが餃子の名店などもある②周辺の路地裏にも多くの店がある③周囲には歴史的な建造物の痕跡も残る

や居酒屋、小料理店などがズラリと並ぶ光景はここでしか見られない独特な光景だ。しかし、残念ながら数年内に再開発により取り壊しが予定されているという。

折尾堀川沿い飲屋街（おりおほりかわぞいのみやがい）
北九州市八幡西区南鷹見町15 周辺

平成29年閉園の宇宙テーマパーク

スペースワールド

スペースシャトル「ディスカバリー号」の原寸大模型

スペースワールドは北九州市にある宇宙をテーマとした遊園地。ザターン、タイタンなどの絶叫系の乗り物を中心に、宇宙関連のものを展示する施設などがあった。平成29年12月閉園。

時速130kmで急上昇、急降下する「ザターン」

①約60mもある大型ローラーコースター「タイタン」（左）とウォーターライドのツインマーキュリー（下）②九州最大級の大きさを誇る観覧車「スペース・アイ」③スペースワールドのキャラクターたち④アポロカプセル、宇宙服などが展示されている宇宙博物館⑤宇宙博物館の内部⑥閉園を惜しむたくさんのメッセージ

スペースワールド（すぺーすわーるど）
北九州市八幡東区東田4-1-1

Y字路

横尾忠則が絵や写真作品の題材として用いたことで注目を集めるようになったＹ字路。その名の通り道筋がＹの形になっている三叉路のことだ。沖縄などでは三叉路の突き当りには魔物が入ってくるとされ、魔除けの石敢當が置かれたりもする。そんなどこか不気味な、でも色気が漂うＹ字路を鑑賞してみよう。

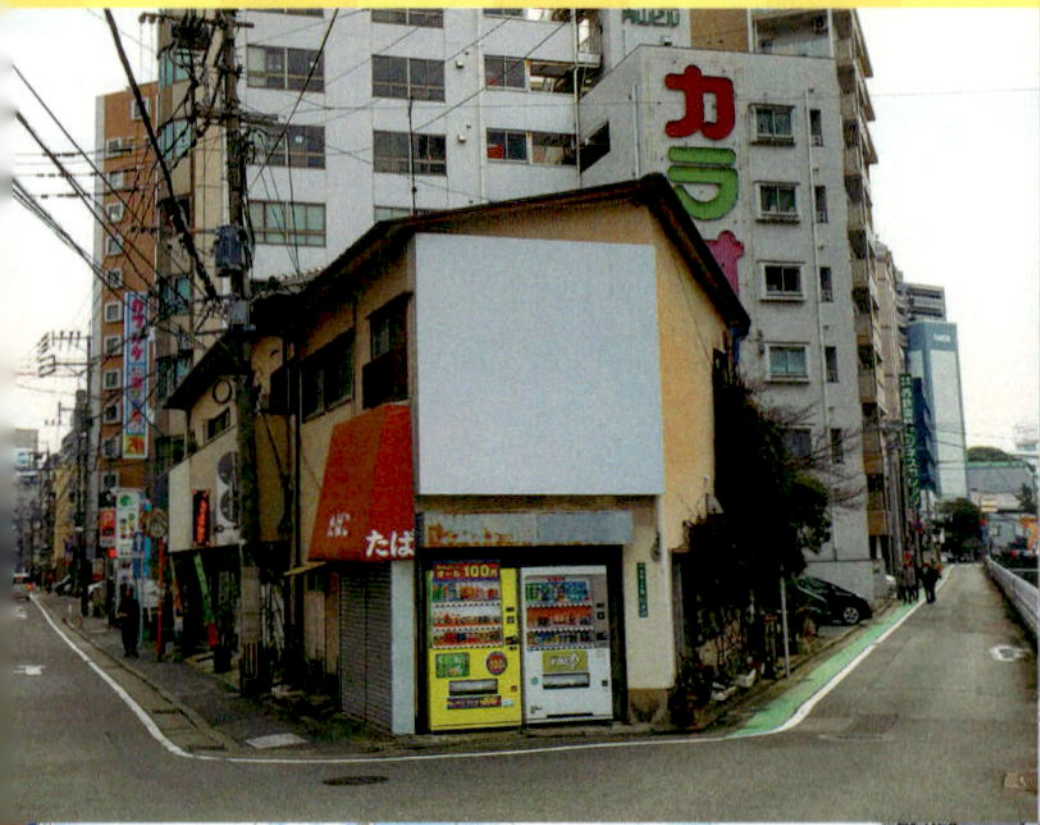

WORLD COFFEE

メゾン住吉

春吉クリニック

食品センター とりや

鏡
鏡
屋
鏡屋呉服店
鏡屋
不動産

商店街・店

長期療養所をコンセプトにしたカフェ

不思議博物館 分室　サナトリウム

店内はギャラリースペースにもなっている

福岡市天神にある「サナトリウム」は長期療養医療施設をコンセプトとしたカフェ。店内は白が基調の病院に似た内装で、人体模型や手術道具などの医療器具が多数展示されている。提供されるメニューも膿盆《のうぼん》と言われる医療器具に盛りつけられているなど見た目にもインパクト大。スタッフが着用している制服は第二次世界大戦中のドイツの従軍看護婦をモチーフとしたものなのだとか。ここでしか買えないサナトリウムグッズも見逃せない。

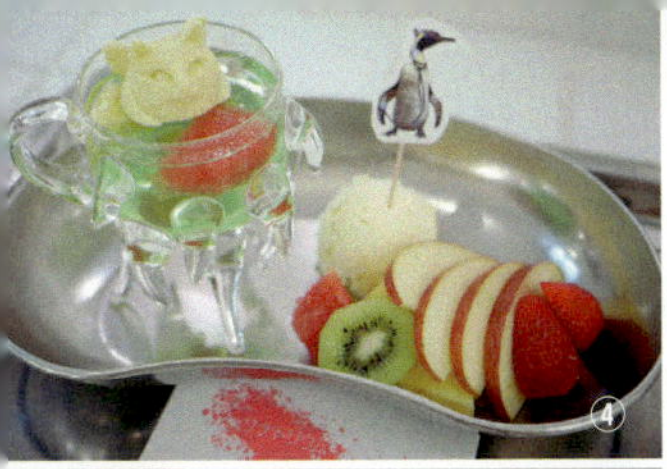

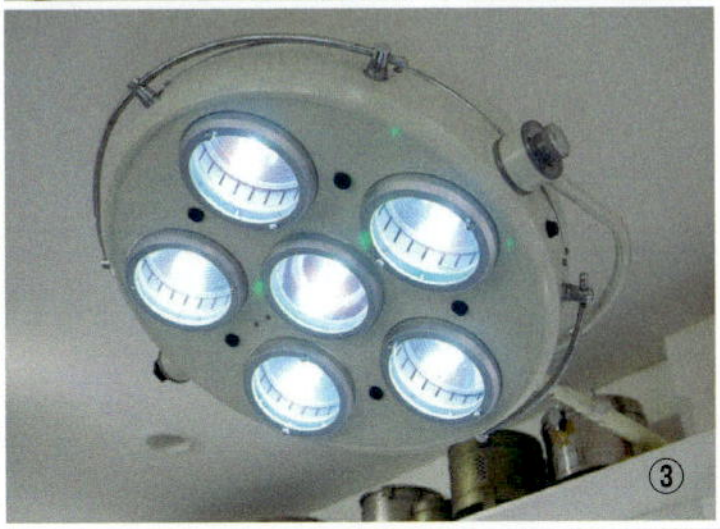

①人体模型などは実際に学校や医療機関で使用されていたもの②白を基調とした不思議な空間③天井には手術用の照明が設置されている④人気メニューのホムンクルスゼリー⑤スタッフの制服も医療コンセプトの本格的なもの⑥人体模型などは一体一体愛称がつけられている

不思議博物館 分室　サナトリウム（ふしぎはくぶつかん ぶんしつ　さなとりうむ）
福岡市中央区天神3-3-23 佐伯ビル3階

みやび店内にはところ狭しと衣装が並べられている

北九州のド派手な成人式の仕掛人

レンタル・貸衣装 みやび

もはや北九州名物になっているド派手な成人式。毎年奇抜な衣装が競うように披露され、メディアでも大きく取り上げられている。このド派手な成人式のルーツは「みやび」という貸衣裳店に二人組の男子が「金さん銀さんで出席したい！」と金銀揃いの袴を注文したことにある。二

みやびの外観

①色とりどりの成人式の衣装がストックされた棚②店主の池田雅さん③成人式だけでなくウエディングドレスも豊富④⑤成人式の衣装を試着してみた⑥⑦北九州の成人式を特集した「みやびBOOK」は店頭で販売されている

人の希望を叶えたいと店長の池田さんが試行錯誤のうえ作り出したド派手な衣装が口コミで広がり、後輩たちへ伝わっていったという。現在ではある意味ひとつの文化として根付くまでに発展している。

レンタル・貸衣装 みやび（れんたるかしいしょう みやび）
北九州市小倉北区宇佐町1-4-20

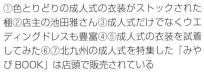

昭和な雰囲気満載の駄菓子屋

菊地ガンモ店

若松はかつて石炭の積み出し港として栄えた町。現在でも町のいたるところにかつての繁栄を偲ばせる昭和レトロな雰囲気が漂っている。この菊地ガンモ店は昭和37年開業で50年以上の歴史を持つおもちゃと文具、駄菓子の店。菊地ガンモ店の「ガンモ」は「玩具《がんぐ》」と「模型《もけい》」をあわ

天井にある骨組みは模型を吊るして陳列していたもののなごり

①かつてはおもちゃを求めて遊びに来る子供たちの社交場だった②コマやビー玉なども売られている③貴重なレトロゲーム「PANDA ROTALY」④昭和なキャラクターの文具などもあり懐かしい⑤菊地ガンモ店の周辺にもレトロな町並みが残る

せた屋号だ。店内にはレトロな品々が並びノスタルジック。もちろん全て購入可能。最近ではあまり見なくなった懐かしの雰囲気満載の店だ。

菊地ガンモ店（きくちがんもてん）
北九州市若松区宮丸1-8-1

レトロな看板が目を引く柳橋連合市場の入口

新鮮な生鮮食品が揃う「博多の台所」

柳橋連合市場

「博多の台所」とも言われる柳橋連合市場。もともとのルーツは大正7年頃に柳橋のたもとで数人の鮮魚商人が魚を売り始めたことにあるそうで、およそ100年の歴史を持つ古い商店街だ。他の商店街が寂れていく中、柳橋連合市場は現在でも新しい店舗ができるなど活気があり、特に正月は食材を求めて福岡市内外から多くの人が集まる。

木造アーケードの中に多くの商店が並ぶ

新鮮な魚介類や野菜などが揃う

③

①

④

①天井部分にはカラフルな旗②アーケードの外側にも飲食店などがある③④夜のひっそりとした雰囲気も良い

②

柳橋連合市場（やなぎばしれんごういちば）
福岡市中央区春吉1-5-1

昭和な雰囲気がそのまま残る看板

昭和な雰囲気を残すアーケード商店街

吉塚商店街

丸い看板が特徴的

戦後間もない昭和25年頃から自然発生的に商店街が形成され、かつては大変なにぎわいを見せたという。その頃の雰囲気をそのまま現在に残す商店街は今でも近隣住民から親しまれ、生活に欠かせない場所となっている。

①アーケード商店街は十字型に広がっている②生鮮食品や惣菜などが揃う③商店街入り口には吉塚の名前の由来となった吉塚地蔵がある④レトロな銭湯「若桜温泉」⑤商店街は第 1 ブロックと第 2 ブロックがある

吉塚商店街（よしづかしょうてんがい）

福岡市博多区吉塚1-20-3

神社の中にあるアーケード商店街

土橋市場

神社の中に形成されたアーケード商店街、土橋市場。戦後、土橋周辺に点在していた闇市を整理するため、福島劇場のオーナーが土橋八幡宮に頼み、この場所を商店街として発展させたのが起源になっている。昭和40年頃からはスナックや居酒屋が増え、夜の街としてにぎわった。現在では若手による雑貨屋やカフェも増えてきている。

商店街入り口には鳥居

①参道にアーケード商店街がある不思議な光景②小規模なスナックや小料理屋が建ち並ぶ③入り口のレトロな看板④味のあるフォント⑤土橋市場組合事務所の前には車輪のついた消火器が置かれて

土橋市場（どばしいちば）

八女市本町1-17

今でもにぎわうレトロ商店街

旦過市場

小倉北区の魚町にある旦過市場。川にせり出すように形成された独特な雰囲気を持つ商店街だ。近隣に大型のスーパーや百貨店などが多く建ち並ぶ中、それらに負けないほどのにぎわいを見せている。成り立ちは非常に古く大正時代の初めに川を昇る船が荷揚げをして商売を営んだことが始まりだとされている。取り扱われている商品も非常に豊富で、野菜や果物、魚、肉、惣菜まで何でも揃う。また、入り組んだ細い路地には飲み屋や大衆食堂が建ち並び、昭

約180mのアーケード商店街

和そのままの雰囲気を堪能できるエリアが形成されている。福岡でレトロを旅するならば外すことができないスポットだ。

①レトロなフォントの看板②昭和な雰囲気満載の食堂もある③商店街の脇にはさらに小さな商店街が広がる④複雑に入り組んだ路地⑤ビビットな色合い⑥商店街の脇には小さな稲荷神社⑦商店街の壁にある謎の般若面⑧商店街を出るときに見える「ありがとうございました」

旦過市場は半分河川の上に建ち並ぶ商店街だ。河川の整備工事
に伴い、近年建て替えが予定されている

旦過市場（たんがいちば）
北九州市小倉北区魚町4-2-18

小倉の名店ぞろいな食堂街

鳥町食堂街

昭和20年代からある古い食堂街。ここにはレトロな飲食店が軒を連ね、名店が多いことでも知られている。中でも「だるま堂」は焼きうどん発祥の店として有名。終戦直後の食糧難の時代に焼きそばのそば玉の代用品として干しうどんを入れたことが焼きうどん誕生のきっかけとされる。その他にも和洋折衷さまざまな味わいが楽しめる飲食店街だ。

入り口にある特徴的な形の看板

①アーケード街には小規模な飲食店が建ち並ぶ②焼きうどん発祥の店「だるま堂」③レトロな洋食店④魅力的なショーケース

鳥町食堂街（とりまちしょくどうがい）

北九州市小倉北区魚町1-4-16

福岡中心部にあるレトロな飲食店街

三角市場

福岡市の都心部に突如として現れるレトロ空間。もともと渡辺通一丁目に三角形の場所があり、そこに形成されていた市場が昭和20年代に現在地に移転した。L字型の50メートルほどの道にアーケード付きの飲食店街が形成されており、小さな飲み屋やバーが軒を連ねる。入り口にある「因幡うどん」は若き日の財津和夫（チューリップ）も通ったという有名店。

和洋折衷、さまざまな飲み屋がある

①木造のアーケードが歴史を感じさせる
②建物の側面にもバーや居酒屋が並ぶ

三角市場（さんかくいちば）
福岡市中央区渡辺通2-3-2

これぞ本物の門司港レトロ

中央市場

中央市場は戦後の闇市がルーツになっている商店街だ。「中央」の名の通り、昭和30～40年代ごろには多くの人でにぎわった商店街で、最盛期には70軒ほどの店舗が軒を連ねていたという。入り口の見た目からは想像できないほど奥行きのある長い商店街だが、現在はほとんどの店舗が休業中。いわゆる「シャッター商店街」になっているなかで、現役で営業する店も数店舗存在している。

意外なほど奥には長い商店街

①乾物や惣菜の店が営業中②商店街で見つけたレトロな看板③商店街を進むと奥には喫茶店が④アニメのキャラが時代を感じさせる

中央市場（ちゅうおういちば）
北九州市門司区老松町1-18

入り口の雰囲気からもうすでにレトロ

石炭の積出港として栄えた町の商店街

大正町商店街・えびす市場

北九州市の若松は古くから石炭の積み出し港として栄えた。大正町商店街・えびす市場がある浜町周辺にはかつての繁栄を偲ばせる町並みが広がり、アーケード商店街内には生鮮食品の店を中心に様々な商店が軒を連ねている。また、近隣にある「若松南海岸通り」は若戸大橋や旧古河鉱業若松ビルなどレトロな見どころが多い。

年季が入り良い味が出ている看板

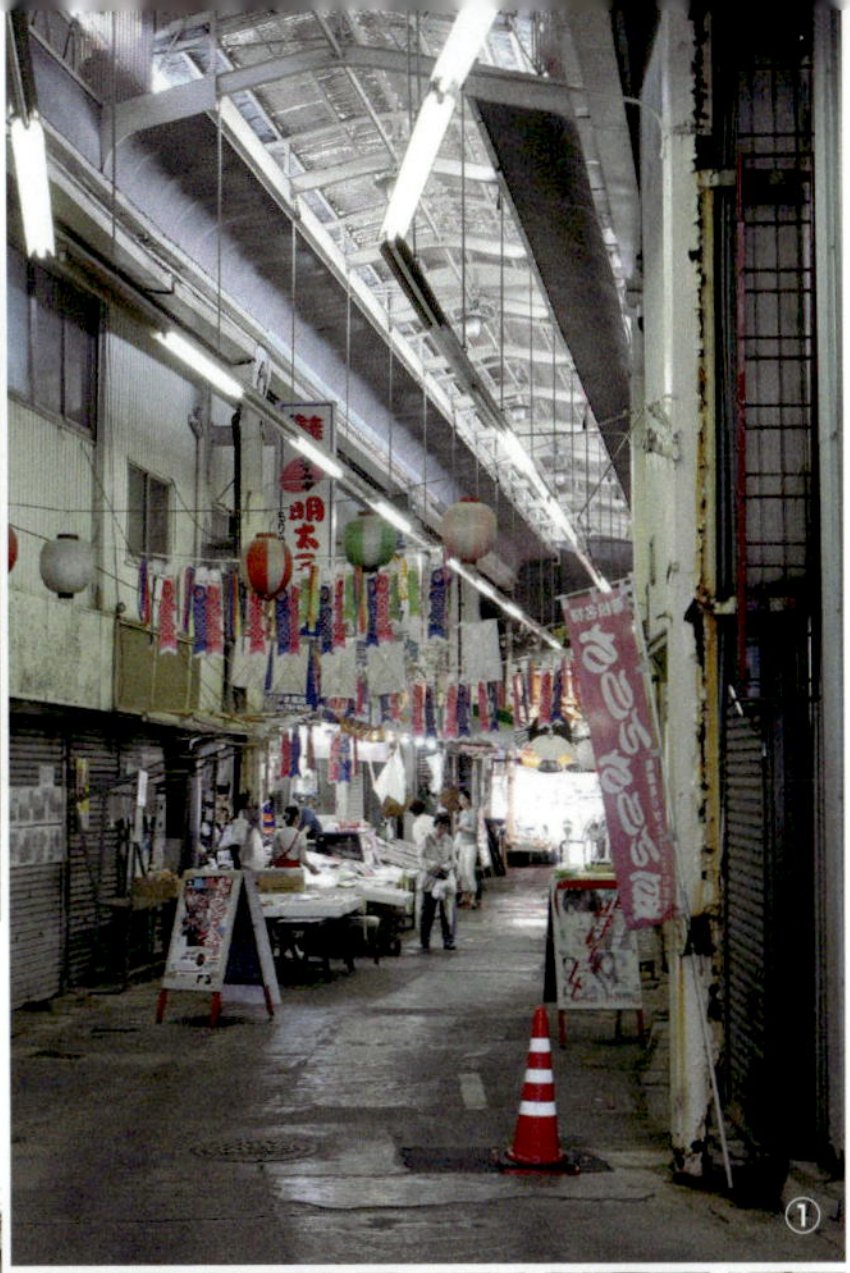

①②③アーケード内部の様子④⑤⑥商店街周辺の雰囲気⑦若戸大橋と旧古河鉱業若松ビル

大正町商店街・えびす市

（たいしょうまちしょうてんがい・えびすいち）
北九州市若松区浜町 2-5-1

レトロな文字のある風景

絶景

まるで外国のような景色が広がる

篠栗九大の森

篠栗町にある「篠栗九大の森」。九州大学農学部の演習林であるが、一部が一般開放され、森林浴を楽しめるスポットになっている。篠栗九大の森の中で特に注目してもらいたい場所が「水辺の森」と呼ばれるエリアだ。ここには落羽松《ラクウショウ》といわれる北米が原産の針葉樹が水に浸かった状態で植えられている。

自然のままの状態で開放されている森

①季節によって植物のさまざまな表情が楽しめる②池の周囲を一周散策することもできる③対岸から見た「水辺の森」エリア④落羽松の根本は独特の形状⑤散策用の杖もボランティアの方によって準備されている

落羽松は呼吸根という酸素を取り入れるための根が幹から出るのが特徴。水面に独特な形状の幹が並ぶ姿はまるで外国の景色のようだ。

篠栗九大の森（ささぐりきゅうだいのもり）
糟屋郡篠栗町和田1009

参道が幻想的な光で染まる

宮地嶽神社 光の道

福津市の宮地嶽神社は年に2回、神社からまっすぐ伸びる参道に夕日が差し込み、幻想的な景色があらわれる。「光の道」と呼ばれるこの現象は海に沈む夕日と参道が一直線に結ばれる時にのみ起きるもの。CMのロケ地として使われたことから話題となり、多くの観光客が訪れている。光の道は道と夕日が一直線に重なる2月20日前後と10月20日前後が見頃だ。

宮地嶽神社の鳥居

①神社の楼門も見逃せない②重さ約3tの日本一の大注連縄（しめなわ）③海に向けてまっすぐに伸びる参道④「光の道」が現れると幻想的な雰囲気に

宮地嶽神社 光の道
（みやじだけじんじゃ
ひかりのみち）
福津市宮司元町7-1

不思議な岩が作り出す絶景

平尾台

平尾台は北九州市南部から行橋市北部などにまたがって広がるカルスト台地。高い木々の少ない見通しの良い台地に露出した結晶質石灰岩が不思議な光景を作り出している。台地の地下には鍾乳洞が広がり、洞窟を探検しながらさまざまな形状の奇岩を見ることができるスポットになっている。

はるか遠くまで台地を一望できる絶景スポット

平尾台（ひらおだい）
北九州市小倉南区平尾台周辺

①さまざまな形の岩が一面に広がる②鍾乳洞内部にも不思議な形状の岩

内部が洞窟になった不思議な形の岩

芥屋大門

芥屋大門は日本三大玄武岩洞のひとつで国指定天然記念物。玄武岩の柱で形成された長さ約１８０メートル、高さ約60メートルの岬だ。お椀を返したような岩の固まりで、まるで人工的に作られたかのような岩肌が見え、何とも不思議な光景。岬の内部には奥行き約90メートルの洞窟があり、遊覧船に乗れば途中まで入ることもできる。

不思議な形状の岩肌

①大門遊覧船では約30分のクルーズで海から芥屋大門を楽しめる②遊覧船で洞窟内部へ③壁がすぐそこでなかなかの迫力④洞窟で上を見上げると五角形や六角形の岩が見える⑤芥屋大門の展望台までの道は「トトロの森」とも呼ばれこちらも人気スポットに

芥屋大門（けやのおおと）

糸島市志摩芥屋677

博多ポートタワー

博多の街を一望できるレトロな展望タワー

博多港にある博多ポートタワーの一帯はかつて博多パラダイスとよばれ、遊園地やプール、温泉施設などを有するテーマパークだった。タワーの展望室には回転レストランが作られるなど、一大レジャー施設として栄えた。その後、博多パラダイスはテレビ局の社屋、図書館などになり、現在、その跡地は立体駐車場となっている。博多ポートタワーは色の塗替えなどは行われているものの、かつての雰囲気をそのままに残している。

内藤多仲の設計により昭和39年に竣工

①タワーの全高は100m ②展望室は無料で開放されている③博多ポートタワーから百道方面を望む④夜景はなかなか見ごたえがある⑤夜のライトアップ
写真提供（③、④以外）：福岡市港湾空港局

博多ポートタワー（はかたぽーとたわー）
福岡市博多区築港本町14-1

参道に赤い鳥居が並ぶ絶景スポット

浮羽稲荷神社

耳納連山の麓に建つ浮羽稲荷神社は開運の神として知られ、商売繁盛や五穀豊穣のご利益があると言われている。参道となる階段には赤い鳥居がまっすぐに連なり、下に広がるうきは市街の景色と相まって素晴らしい眺望を生み出している。

赤い鳥居と木々の緑、空の青とのコントラストが美しい

①参道の入り口②鳥居をくぐりながら急な階段を登っていく③浮羽稲荷神社の拝殿

浮羽稲荷神社（うきはいなりじんじゃ）
うきは市浮羽町流川1513-9

仙道古墳は福岡では珍しい埴輪が置かれている古墳だ

笑顔の埴輪に会える古墳

仙道古墳

仙道古墳は古墳時代後期の6世紀頃に作られたもので、直径約45メートルの円墳。古墳は二段構造で、円の周囲には「円筒埴輪」といわれる筒状の埴輪がぐるりと配置されている。筑前町周辺は邪馬台国だったのではないかという説もあり、邪馬台国関係の古墳でないかともいわれて

古墳に沿って円形に並べられた埴輪

古墳の近くには石室内部の解説
コーナーもある

いるのだとか。石室の入口前には九州では出土例がほとんどない「盾持武人形埴輪」が鎮座（※埴輪はレプリカ）。墓を守っている割には満面の笑みをうかべていて、むしろ歓迎しているようにさえ思えるユニークな表情だ。

仙道古墳（せんどうこふん）
朝倉郡筑前町久光111-2

福岡の絶景階段

絶景階段とは?

KBC九州朝日放送「サワダデース」にて放送中!リポーター原田らぶ子さんが階段の先にある絶景を体験する企画。ここでは「絶景階段」を企画したテレビディレクターのまえださちこさんに福岡の絶景階段を案内してもらおう！

階段案内人 **まえださちこ**さん

プロフィール

学生時代から階段と絶景に惹かれ、九州一円の絶景階段を100カ所以上巡る。目標は目立たないけど必ず生活空間の近くにある階段の魅力をもっと広めること。

絶景階段1. 高良大社参道《こうらたいしゃ》

参道の階段
合計
約650段

もはや遺跡！むか~しむかし階段

筑後国一宮とされる久留米市の高良大社。本殿前に伸びるまっすぐな階段は階段の形状、景色ともに魅力的だ。また、本殿の近くまで車で上ることができるためあまり知られていないが、高良山の麓からは石積みの古い階段の参道が残っている。

階段案内人まえださん
注目ポイント

古い参道の階段は大きさも高さもさまざま。苔むしたり自然に近い階段です。参道脇には神籠石などの遺跡も残っているのでそちらも楽しみながら上れますよ。

絶景階段 2. 黒原《くろばる》階段

220段

名前のある階段

北九州市小倉北区にある黒原階段は、階段を上った先にある妙見宮の裏参道にあたる階段。階段脇には民家が建ち並び、地域の生活階段としても欠かせないものとなっている。そのため、階段としては珍しく正式な名称がつけられ親しまれている。

階段案内人まえださん 注目ポイント

階段の途中にはベンチが設置されていて階段が地域の人の憩いの場にもなっているようです。階段から住宅街が広がる景色もなかなかの絶景です。

絶景階段 3. あんずの里

約357段

玄界灘を一望できる正統派階段

福津市のあんずの里運動公園には公園中心部を貫くように階段が作られている。まっすぐで規則正しく伸びる実直な正統派階段だ。階段を上った先からは福津市の田園風景と玄界灘が一望できる。

階段案内人まえださん 注目ポイント

春には階段の脇にあんずの花が咲くのでお花見の場所としても有名です。階段の頂上からは新原・奴山（しんばる・ぬやま）古墳群も見ることができる絶景スポットです。

階段の楽しみ方

1.シルエットを楽しもう

階段にも個性があります。シンメトリーがキレイなものや高さが不揃いなものなどさまざま。いろんな角度から見てベストなシルエットを探してみましょう。

2.高さを測ってみよう

標準的な階段の高さは約17cm。段の高さを測ってみるとその階段の性格が見えてきます。

3.素材を楽しもう

天然石を使った階段やクロスシートを使った階段、木の階段など素材によって上りやすさも変わってきます。足の裏で素材を感じながら上ってみましょう。

4.座ってみよう

階段は座るスペースとしても最適。写真撮影のロケーションとしてもおすすめです。

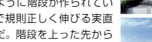

絶景階段

4. 望玄坂《ぼうげんざか》

476段

北九州の隠れた絶景スポット

北九州市八幡東区の枝光駅近くにある望玄坂。一直線の坂道が約600m続き、坂に沿うように階段が設置されている。九州国際大学付属高等学校の通学路でもあるため、朝と夕方は階段を昇り降りする学生でにぎわう。階段の頂上からは洞海湾が一望できる隠れた絶景スポットだ。坂道の地下には新日鉄住金の八幡と戸畑にある工場を結ぶ鉄道「くろがね線」が走っている。

階段案内人まえださん

注目ポイント

階段の段の高さが低めに作られているので長さの割に昇り降りするのが楽な優しい階段です。階段のフォルムもキレイですが北九州の工場地帯が見渡せる景色もバツグンです。また、近隣の人が「100万ドルの夜景」と称するほどキレイな夜景が見られるスポットでもあります。

絶景階段 5. 鴻巣山《こうのすやま》展望台

段数不明
（階段が多数存在するため）

不思議な形の絶景階段

福岡市中央区と南区にまたがる鴻巣山。福岡市中心部付近にありながら、自然が多く残る場所として自然散策に最適な緑地として知られる。山頂付近にはらせん階段で上るタワー形式の展望台が設置され、福岡市内が一望できるビュースポットになっている。

階段案内人まえだ さん 注目ポイント

展望台はもともと2階部分だけでしたが、木々が成長して景色が見えなくなったので3階建ての展望台が新たに増築され、現在のような独特な形状になったそうです。鴻巣山周辺は丘陵地なので展望台以外にもたくさんの魅力的な階段を見ることができますよ。

絶景階段 6.耳納《みのう》グライダー山

約60段

階段の先には空中散歩

久留米市と八女市にまたがる耳納連山の発心山にある耳納グライダー山。ジブリ映画に出てきそうな森の中にある階段を抜けると、まるで空中散歩をしているかのような光景が広がる。筑後平野が大パノラマで楽しめる絶景スポットだ。

階段案内人まえだださん 注目ポイント

森の中の階段を上り切った先に絶景が広がる瞬間がたまらない魅力です。グライダーが飛び立つスポットとして使われている場所で、昭和16年にグライダーの日本記録を出した際の記念碑も建てられています。

他にも福岡にはこんな階段が･･･

小倉魚町ビル

曲線を描いた階段と手すり、照明のコーディネートが絶妙！

大名マンション

手すりのサビと階段の渋みがいい味出しています。

北九州の路地裏の階段

路地裏階段は猫に遭遇することが多い場所。猫と階段の組み合わせはよく合いますね。

絶景階段リポーター原田らぶ子さん

離島

猫と幕末の歴史を楽しめる

姫島

姫島は糸島半島から約４キロ沖にある離島。岐志漁港から渡船で15分ほどで行くことができる。周囲約３キロ、人口２００人ほどのコンパクトな島で江戸時代には遠見番所が設けられ、外国船の監視を行っていたという。幕末には女流歌人野村望東尼が島流しによって幽閉されていた地としても知られている。また、猫島としても有名で島内にはいたるところに猫の姿を見ることができる。

姫島〜岐志漁港間を結ぶ市営渡船「ひめしま」

①姫島には昔ながらの漁村の風景が広がる②野村望東尼が幽閉された獄舎が復元されている

姫島（ひめしま）
糸島市志摩姫島

レトロな町並みの「思ひで通り」にはゆっくりとした時間が流れる

離島で絶景とレトロを満喫しよう

能古島

博多湾の中心に浮かぶ能古島は姪浜旅客待合所から約10分で気軽に行ける離島で、福岡市民の休日のお出かけスポットとして有名だ。「のこのしまアイランドパーク」は季節によってさまざまな花が咲く絶景スポットとして人気があるが、明治〜昭和初期の博多の町並みを再現した「思ひで通り」も見逃せない。駄菓子屋などもあり、ノスタルジックな雰囲気を楽しむことができる。

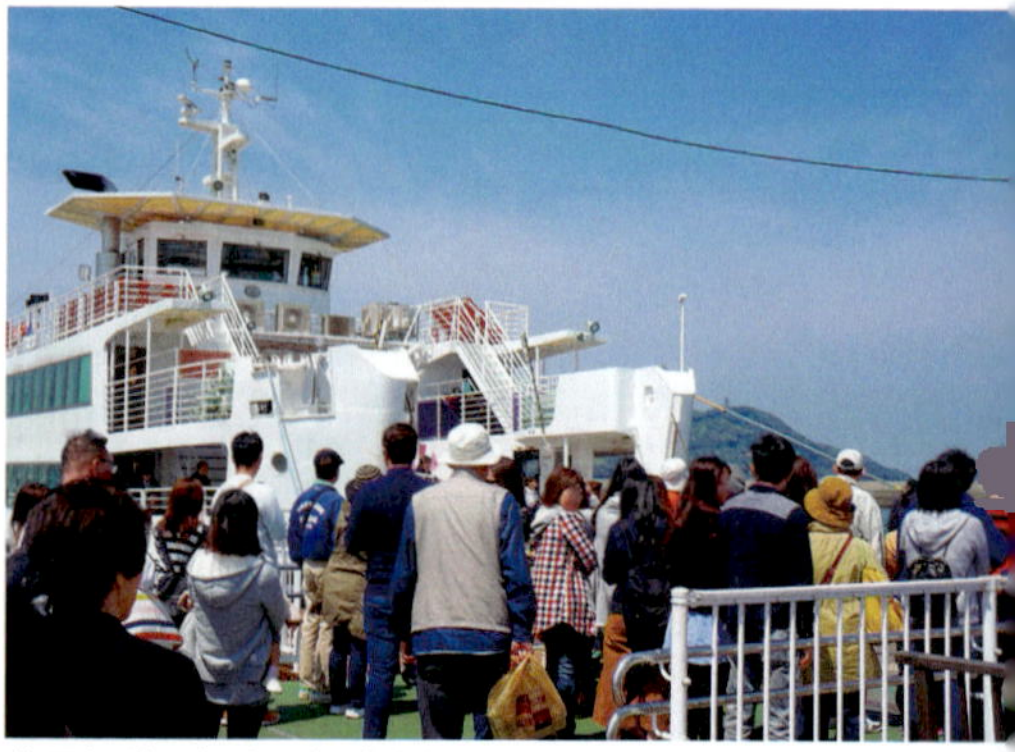

休日などは多くの人が能古島へ渡る

①能古島全景②能古島には飲食店も多く海の幸を堪能できる③古い町並みへタイムスリップ④能古島オリジナルのスポーツ「のこのこボール」も楽しめる⑤昭和初期の民家を再現⑥レトロでかわいいデザインの車

能古島（のこのしま）

福岡市西区能古能古島

能古島の最北端の場所は博多湾が見渡せる絶景スポット。色とりどりの花が咲き、季節によって黄色やピンクに色を変える

お椀を伏せたような形の「柱島」

百合若大臣伝説が残る離島

玄界島

博多湾の入り口部分に位置する玄界島。周囲は約4・4キロの小さな島で、博多埠頭から渡船を使って約35分で到着する。島の北側には「柱島」と言われる柱状の玄武岩が集まってできた奇岩を見ることができる。また玄界島は百合若大臣という武将に関する伝説が残されている島でもあるため、百合若にちなんだスポットが島の各地にある。

玄界島〜博多埠頭間を結ぶ市営渡船「みどり丸」

①漁港に描かれた魚のアート②海岸沿いに道を歩くと島を一周できる③百合若大臣が飼っていた鷹を祀る小鷹神社④港から住宅地へ物資を運ぶ物資輸送用のモノレール⑤立神岩に作られた密漁の監視塔⑥玄界小中学校付近から眺める風景はなかなかの絶景

玄界島（げんかいじま）
福岡市西区玄界島

廃墟になった旧日本軍の望楼

福岡市最北端の離島

小呂島

　姪浜旅客待合所から渡船で約1時間ほどの場所にある周囲約3・3キロほどの島。姪浜旅客待合所から沖合約40キロの場所に位置する離島であるが、福岡市西区に属している。戦時中には軍事要塞が築かれ多くの軍人が駐在していた島だ。現在でも砲台や軍事施設の跡が廃墟として残されているが、木々に覆われているためアクセスの難易度は高めだ。

小呂島～姪浜旅客待合所間を結ぶ「ニューおろしま」

①島は高低差が激しく坂道が多い②昔ながらの漁村の風景が残る③小呂小中学校近くの森の中に残る砲台跡④森のなかに点在する軍事施設⑤川のない島なので水を溜めておく浴槽が島内の至る所に設置されている⑥島の守り神として鎮座する七社神社⑦かつてはここから海を監視していたという

小呂島（おろのしま）
福岡市西区小呂島

島の至るところに猫の姿を見ることができる

ハート形の猫の楽園

相島

猫が数多く生息する猫島として有名な相島。有名写真家がテレビ番組で訪れたことやアメリカの有名ニュースサイトで世界６大猫スポットとして紹介されたこともあり、国内外から猫好きが訪れる島だ。歴史スポットも多く、藩政時代の朝鮮通信使の客館跡や、海岸沿いに２５０基以上の古墳（積石塚）が密集する相島積石塚群などがある。

相島～新宮漁港間を結ぶ町営渡船「しんぐう」

①相島の漁港②壁に描かれた色とりどりのアート③朝鮮通信使の客館跡の碑④古い石垣造りの堤防⑤神社の鳥居越しに見る海は島ならではの景色

相島（あいのしま）

糟屋郡新宮町相島

志賀地区の漁港には多くの船が停泊している

国宝も発見された福岡市の島

志賀島

車でもそのまま行けるため島という印象が少ないが、砂州によって繋がっている「陸繋島」に分類されるれっきとした島だ。島の北側にある休暇村志賀島付近の海岸は福岡市内とは思えないほどの美しい砂浜が広がる。国宝の金印が発見された島としても知られ、発見された地は金印公園となっている。

志賀地区の町並み

①

③

②

⑥

④

⑦

⑤

⑧

①砂浜ではサーフィンを楽しむ人も多い⑥古いホーロー看板②志賀島旅客待合所には巨大な金印のモニュメント③金印が発見された金印公園④休暇村志賀島付近の不思議なモニュメント⑤砂州の上には道が整備され両サイドを海で囲まれている⑦志賀海神社は古い歴史を持ち参拝客も多い⑧夏には昔ながらの海の家がオープンする

志賀島（しかのしま）

福岡市東区志賀島

風車展望所は福岡の隠れた絶景スポット

歴史遺産と絶景を楽しめる島

筑前大島

筑前大島は宗像市に属する島で、沖津宮や中津宮などの歴史遺産で知られる離島。神湊港から渡船に乗って約20分ほどで行くことができる。島の周囲は約15キロメートルあり福岡県の離島の中では最大。集落は島の東部に集中しており、北部には断崖絶壁の絶景が広がる。特に見どころとなるのが風車展望所だ。岬の突

筑前大島～神湊間を結ぶ市営渡船「しおかぜ」

端付近に風車が立ち、風車に向かう曲がりくねった道から見る景色はまるで映画のワンシーンのような雰囲気だ。

①フェリーターミナルではレンタサイクルを借りることができる②宗像大社中津宮③筑前大島には昔ながらの漁村の雰囲気が残る④島の南東部にある「夢の小夜島」は古い歌にも登場するという⑤宗像大社沖津宮遙拝所⑥かつてあった砲台跡も残る⑦砲台跡付近には牧場があり牛や山羊を見ることができる⑧風車展望所の風車

筑前大島（ちくぜんおおしま）
宗像市大島

江戸から昭和の歴史遺産が見られる島

地島

地島～神湊港を結ぶ「ニューじのしま」

地島は宗像市に属する離島。神湊港から渡船に乗り約15分で行くことができる。ヤブツバキが有名な島で毎年3月ごろのツバキが咲くシーズンには多くの観光客が訪れるが、古い歴史遺産も多く残る。島の南側には殿様波止《とのさまばと》と言われる黒田長政が築かせたとされる古い防波堤を見ることができる。また、地島で最も高い

①採石場跡周辺にはかつての施設が廃墟として残る②廃墟は植物に覆われ独特の雰囲気に③黒田長政が築かせたと言われる殿様波止④沖ノ島展望台からはかすかに沖ノ島が見える⑤海岸にある竜神様の祠⑥漁港周辺にはたこつぼが大量に置かれている

山である遠見山山頂の沖ノ島展望台は黒田藩の番所が設けられていたという。島の南西部にはかつてあった採石場の施設が廃墟として残り、独特の雰囲気を感じることができる。

地島（じのしま）
宗像市地島

本村漁港にはたくさんの漁船が停泊している

不思議な地形と歴史を楽しめる島

藍島

藍島は北九州市小倉北区に属する離島。小倉渡場《こくらわたしば》から渡船に乗り約35分で行くことができる。江戸時代には密貿易船を監視するための遠見番所が置かれた島で、島には現在でもその旗柱台が残されている。島の北側には千畳敷と呼ばれる平らな岩場が広がる。千畳敷から見える貝島といわれる小島は13基の古墳が見つかっているという。

藍島・馬島〜小倉渡場を結ぶ「こくら丸」

②

①

④

③

①漁港から藍島小学校に向かう道にある藍島隧道②沖の方まで広がる千畳敷③古墳が数多く発見された貝島④北海岸にある不思議な地層⑤海岸ではビーチコーミングも楽しめる⑥釣り客向けの旅館も多い⑦遠見番所の旗柱台

⑤

⑦

⑥

藍島（あいのしま）
北九州市小倉北区藍島

民家は全て島中央の漁港付近にある

人が住む島では福岡県で最も小さい島

馬島

馬島は北九州市小倉北区に属する離島。小倉渡場から渡船に乗り約20分で行くことができる。人口は約40人、周囲約3キロの島で人が住む島としては福岡県で最小。起伏の少ない平坦な島であるため、島内には田畑が広がっている。海岸沿いには独特の形状の岩場があり、化石がよく見つかる島として知られている。猫が多く住む猫島としても有名で、休

島の大部分は農地として活用されている

①島唯一の神社である大山祇神社（おおやまづみじんじゃ）②わけぎやにんにくが栽培されている③島の周囲は溶岩が固まってできた不思議な地形

島にはたくさんの猫が暮らしている

馬島（うましま）
北九州市小倉北区馬島

日には猫好きの観光客が訪れている。

おわりに

上に掲載した写真は、福岡市中央区赤坂にあった「赤坂門市場」を撮影したものです。戦後すぐに完成した商店街でしたが、平成28年の秋に閉鎖され、平成29年には取り壊しとなりました。

変わった場所を訪問したり、レトロなものを探したりする活動をしているから当然かもしれませんが、「古いものが壊されてつまらない町になってしまった」とか「最近は文化がなくなってしまった」といった意見をよく耳にします。残念だなという気持ちはあるにはありますが、個人的には古いものが素晴らしく新しいものがつまらないという風には考えていません。現在レトロな建築として文化的に評価されている建物も完成した当時は新しいものだったわけですし、そこには当然、今と同じように「つまらなくなった」と感じる人もいたはずです。もっと言えば日本的なものの代表として評価されているお寺だって当初は海外から伝わってきた新しい文化だったわけで。近年建てられた新築のマンションや、何かと批判されがちなショッピングモールも100年後たまたま残っていたら文化的なものとして評価されているかもしれません。

そんなわけで、古い物がアップデートされることに対しては、それはそれ

で良いのではと考えているのですが、ただ、ひとつだけ絶対にやるべきだと思うことがあります。それは「記録に残す」ということです。

平成28年の熊本地震で大きな被害にあった熊本城の復旧作業にも多くの人の「記録」が役立っています。熊本城のようにメジャーな場所は意識せずともデータベースが構築されていくのでしょうけれど、人知れず、誰にも気づかれず、何の記録も残されずに消えてなくなるものも数多くあります。大それた話になるかもしれませんが、物事を良くするには過去の事例を参照することが不可欠です。今は何の役に立つか分からないものでも将来的には貴重なデータになるかもしれません。もちろん、その記録を見てノスタルジーに浸ったり、何か心を動かされたりとエンターテインメントとして楽しむのも良いでしょう。

ここには掲載されていない穴場もまだまだ存在していますので、皆さんもぜひいろんな場所を体感して記録に残してもらえればと思います。

100年後、この本が存在しているのかは分かりませんが、誰かの手に渡り、何かの役に立っていれば幸いです。

Y氏（山田孝之）

索引

あ行

か行

さ行

た行

な行

は行

ま行

や行

Y《わい》 氏《し》 （本名 ： 山田《やまだ》孝之《たかゆき》）

プロフィール

1983年3月4日佐賀県鹿島市生まれのブロガー、郷土史研究家。株式会社クラウドナイン代表。近畿大学卒業後、WEB制作会社にてWEBクリエーターとして活動。その後、独立し株式会社クラウドナインを設立。会社PRのために立ち上げたオウンドメディア「Y氏は暇人」にて福岡のB級スポットや郷土史を紹介し反響を呼ぶ。2015年10月に福岡のB級スポットをまとめたリトルプレス「福岡のB面」を自費出版にて刊行。2015年12月には福岡の歴史本『福岡路上遺産』（海鳥社）を、2017年9月には山田全自動名義で『山田全自動でござる』（ぴあ）も刊行。

Y氏は暇人ホームページ　http://y-ta.net/

写真	Y氏
写真提供	だざいふ遊園地（一部）、福岡市港湾空港局（一部）
表紙衣装提供	ゴーイングベルボ
ブックデザイン	前原 正広
編集	池田 雪（書肆侃侃房）

※本書の情報は2021年3月現在のものです。発行後に変更になる場合があります。

kankanTrip Japan 5

福岡穴場観光

発行日　2018年2月 3 日 第1版第1刷発行
　　　　2021年5月12日 第1版第2刷発行

著者　Y氏（山田孝之）
発行者　田島 安江
発行所　株式会社 書肆侃侃房（しょしかんかんぼう）
〒810-0041 福岡市中央区大名2-8-18 天神パークビル501
TEL 092-735-2802　FAX 092-735-2792
http://www.kankanbou.com
info@kankanbou.com
印刷・製本　アロー印刷株式会社

ISBN978-4-86385-298-3 C0026

KanKanTrip Japan

書肆侃侃房の紀行ガイドシリーズKanKanTripの日本国内編です。
国内もいろんなテーマで旅します。

KanKanTrip Japan 1　見上げたらホラ!

「九州の巨人!巨木!!と巨大仏!!!」

オガワカオリ

国道沿いに不意に現れる巨大仏。山の中にひっそりとたたずむ巨大仏。山の中腹にチラッと見え隠れする巨大仏。何百年も前から強く生き続ける巨木たち。なぜここにあるかわからない巨人に、巨大お多福など、九州の各地に散らばっている130の巨を集めました。九州1周のドライブのお供に、著者セレクトの立ち寄りスポットなども掲載しています。九州がさらに楽しめる一冊です。

A5／並製
200ページオールカラー
本体1,600円+税
ISBN978-4-86385-172-6

KanKanTrip Japan 6　西日本「巨」120選

「遥かな巨大仏　西日本の大仏たち」

半田カメラ

大仏に恋してしまった女性カメラマンが撮り下ろし解説する、大仏さまと「巨」なるものを集めた旅のすすめ、西日本編が満を持して登場。1400歳の仏像界のレジェンドから、大阪のビルの窓からのぞく謎の仏像の正体、森の中にひっそりと座りつづける未完の大仏まで。知ったら観てみたくなるカッコ良すぎる巨大建造物など「巨」なるコラム付き!

A5／並製
192ページオールカラー
本体1,800円+税
ISBN978-4-86385-392-8

KanKanTrip Japan 8　時空を旅する

「東京時層探検」

黒沢永紀

賑やかな繁華街に突如現れる秘境、江戸時代の遊郭跡、関東大震災の復興期に盛んに造られた看板建築やいまも遺る戦後の民生食堂、レトロな商店街や歓楽街、宇宙ステーションのようなビルなどなど、江戸、明治、大正、昭和、平成、そして令和へといくつもの時代を経て息づく東京の時層を巡るタイムトラベルに出かけてみませんか?

A5／並製
176ページオールカラー
本体1,700円+税
ISBN978-4-86385-414-7

KanKanTrip Japan 9　日本中の端っこへ

「愛しの灯台100」

不動まゆう

“日本中の端っこで今夜もきらきら光を放つ。会いに行こう。優しい海の守護神に。”流れ星が飛んできた尻屋埼灯台、150年間変わらぬ姿で海を見つめる神子元島灯台など、あなたもきっと会いに行きたくなる日本全国の灯台たち。灯台マニアが解説する、灯台の楽しみ方読本。

A5／並製
208ページオールカラー
本体1,900円+税
ISBN978-4-86385-437-6

KanKanTrip、KanKanTrip Lifeもあります。